Discovery EDUCATION

맛있는 과학

디스커버리 에듀케이션
맛있는 과학-25 미생물

1판 1쇄 발행 | 2012. 3. 9.
1판 4쇄 발행 | 2018. 3. 11.

발행처 김영사
발행인 고세규
등록번호 제 406-2003-036호
등록일자 1979. 5. 17.
주　소 경기도 파주시 문발로 197(우10881)
전　화 마케팅부 031-955-3102 편집부 031-955-3113~20
팩　스 031-955-3111

값은 표지에 있습니다.
ISBN 978-89-349-5474-3 64400
ISBN 978-89-349-5254-1 (세트)

좋은 독자가 좋은 책을 만듭니다. 김영사는 독자 여러분의 의견에 항상 귀 기울이고 있습니다.
독자의견전화 031-955-3139 | 전자우편 book@gimmyoung.com | 홈페이지 www.gimmyoungjr.com
어린이들의 책놀이터 cafe.naver.com/gimmyoungjr | 드림365 cafe.naver.com/dreem365

어린이제품 안전특별법에 의한 표시사항

제품명 도서 **제조년월일** 2017년 9월 22일 **제조사명** 김영사 **주소** 10881 경기도 파주시 문발로 197
전화번호 031-955-3100 **제조국명** 대한민국 ▲**주의** 책 모서리에 찍히거나 책장에 베이지 않게 조심하세요.

최고의 어린이 과학 콘텐츠

디스커버리 에듀케이션 정식 계약판!

Discovery EDUCATION

맛있는 과학

25 | 미생물

민주영 글 | 최승협 그림 | 류지윤 외 감수

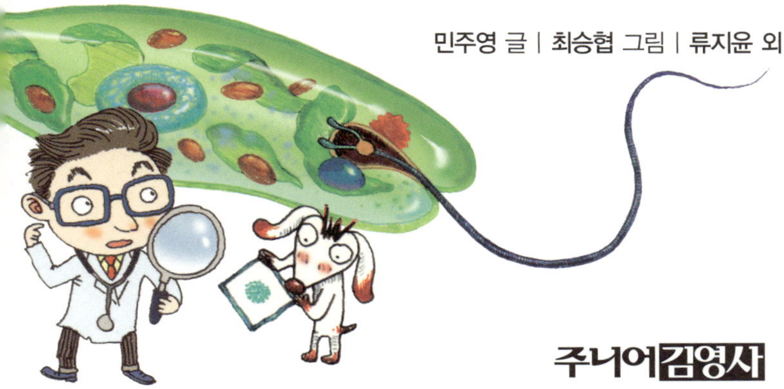

주니어김영사

차례

1. 미생물

2. 병을 일으키는 미생물

3. 미생물의 종류

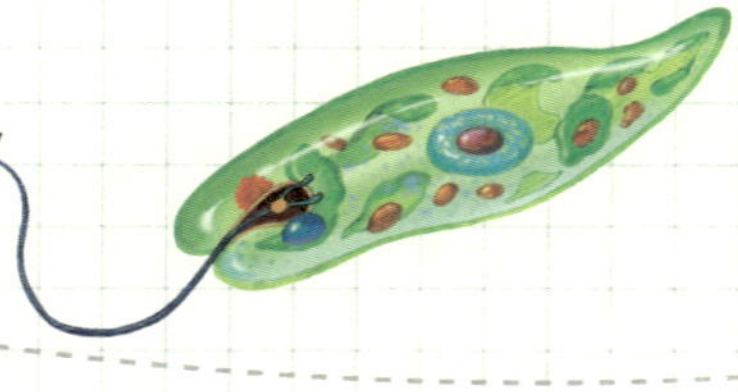

4. 미생물과 발효

5. 이로운 미생물

관련 교과

초등 5학년 1학기 4. 작은 생물의 세계

중학교 1학년 4. 생물의 구성과 다양성

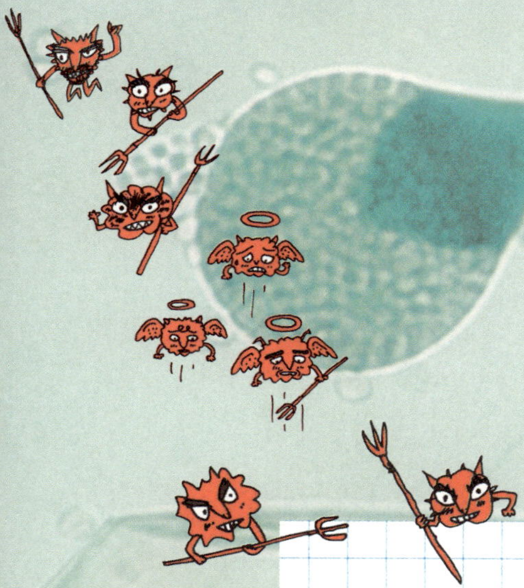

1. 미생물

미생물이란 크기가 아주 작은 생물을 말합니다. 너무 작아서 어떤 미생물은 성능이 아주 좋은 현미경으로 보아야만 우리 눈에 보입니다. 우리 몸에도 많은 미생물이 있습니다. 미생물은 몸속 여기저기에서 질병을 일으키기도 하고, 반대로 우리 몸을 지켜 주기도 합니다. 미생물에 대해 들으니 몸을 관찰하게 되지요? 미생물이 몸속 어느 곳에서 발견될지 잘 찾아 보세요.

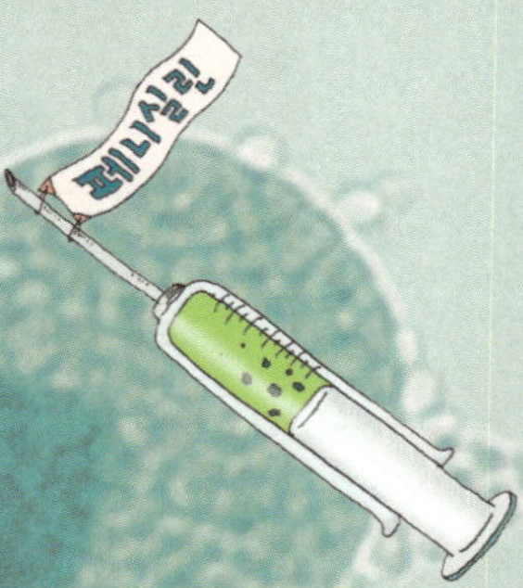

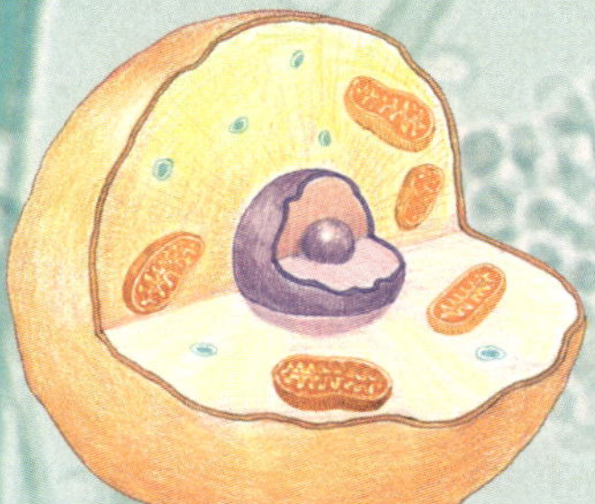

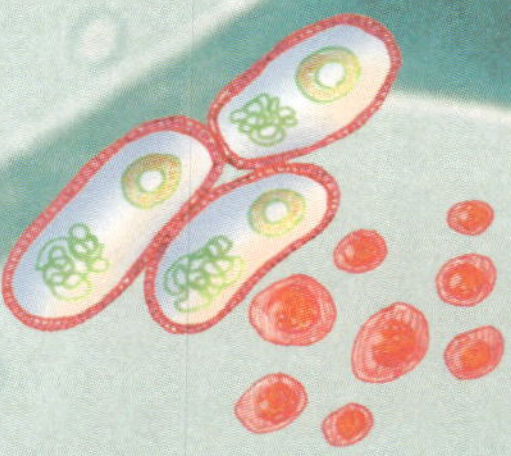

세포로 이루어진 생명체

세포
생물체를 이루는 기본 단위입니다. 우리 주위에서 보는 많은 생물은 많은 수의 세포로 이루어져 있기 때문에 다세포생물이라고 하며, 아메바나 짚신벌레와 같이 하나의 세포로 되어 있는 생물을 단세포생물이라고 합니다.

세포벽
세포를 보호하고 세포의 모양을 유지해 주는 벽입니다. 주로 식물세포의 가장 바깥쪽에 있습니다. 셀룰로오스, 펙틴 등이 주성분입니다.

세포는 어떻게 생겼을까요? 세포는 기능에 따라 모양과 크기가 다양하기 때문에 정확하게 '이러한 모양이다'라고 정의할 수는 없습니다. 먼저 우리 몸을 구성하고 있는 세포를 살펴볼까요?

동식물의 몸을 이루고 있는 세포를 체세포라고 합니다. 다세포생물에서 생식에 관련되는 세포와 관련되지 않은 세포로 나눌 때, 생식에 관련되지 않은 세포가 체세포입니다. 동물의 몸을 구성하고 있는 체세포는 모양이 일정하지 않습니다. 그 이유는 세포벽이 없기 때문이에요. 세포벽은 동물세포에는 없고 식물세포에만 있습니다.

동물세포의 체세포에는 세포벽은 없지만 다양한 요소가 있습니다. 일단 생명 활동에 반드시 필요한 핵이 있습니다. 우리가 엄마, 아빠를 조금씩 닮은 이유도 핵 속에 들어 있는 유전정보 때문입니다. 핵은 매우 중요한 부분입니다. 손상되거나 변형되면 우리 몸에 장애가 나타나거나 병이 생길 수도 있습니다. 그래서 핵을 보호하기 위해 세포질이 핵 주변을 둘러싸고 있습니다. 세포질 안에는 여러 가지 기관이 있습니다.

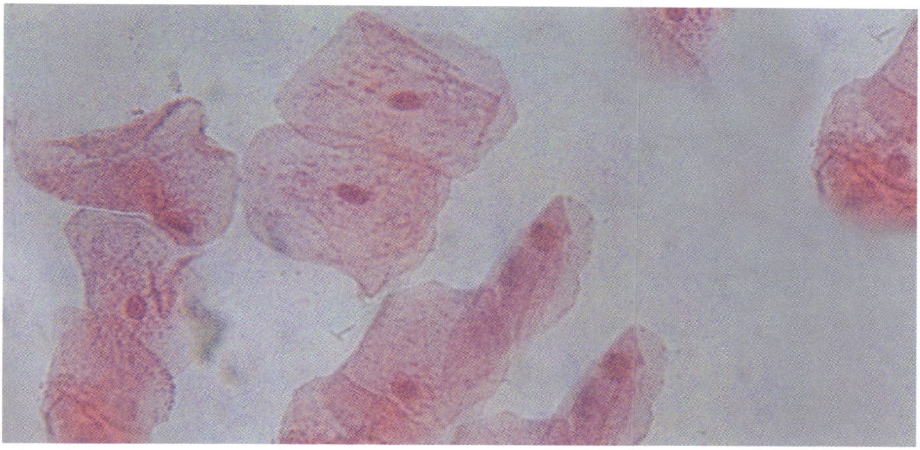

사람 입안의 세포. 동물의 체세포는 세포벽이 없어서 모양이 일정하지 않다.

세포가 살아갈 수 있도록 에너지를 만드는 미토콘드리아, 단백질을 만드는 리보솜, 세포 안의 소화를 담당하는 리소좀 등이 있습니다. 이러한 기관이 들어 있는 세포질은 액체이기 때문에 든든한 막이 필요합니다. 이런 역할을 하는 것이 바로 세포막입니다. 세포막은 세포질을 싸서 보호하기도 하지만 세포 안쪽과 바깥쪽의 물질을 교환하는 역할도 합니다.

체세포의 크기는 생물마다 다르지만 일정 크기 이상으로는 자라지 못합니다. 하지만 체세포의 개수는 늘어날 수 있습니다. 하나의 체세포가 둘 이상으로 나뉘어 세포의 개수가 늘어나는 현상을 체세포분열이라고 합니다. 체세포의 수가 늘어나면서 사람은 키가 크는 등의 성장을 하게 됩니다. 코끼리와 개미의 덩치가 다른 이유 역시 코끼리가 개미보다 세포의 크기가 크기 때문이 아니라 체세포의 수가 많기 때문입니다.

우리 몸을 구성하는 동물세포의 모습을 알아보았으니 식물을 구성하는 세포는 어떤 모습일지 알아볼까요? 식물세포도 식물의 기능에 따라 각기

다른 세포로 구성되어 있습니다. 꽃과 열매를 만드는 세포는 동물의 정자와 난자처럼 독특한 모양을 가지고 있습니다. 하지만 대부분의 체세포는 옆의 사진 같은 모양으로 이루어져 있습니다.

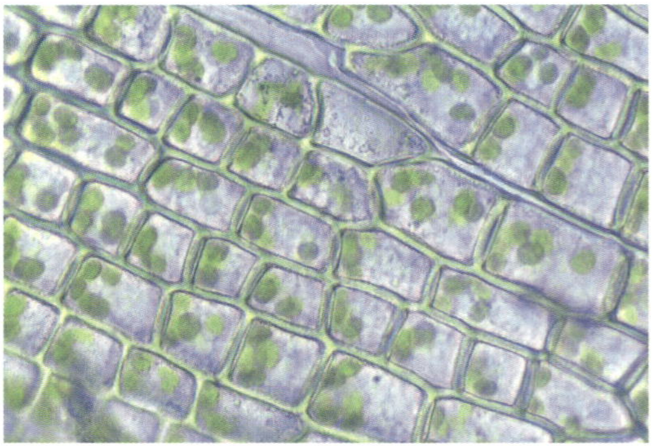

식물의 체세포는 세포벽이 있기 때문에 모양이 항상 일정하다. ⓒ Kristian Peters@the Wikimedia Commons

식물은 튼튼한 뼈대가 없어서 세포를 지키기 어렵습니다. 그래서 뼈 대신에 세포벽이 있습니다. 세포벽은 식물세포의 모양을 일정하게 유지해 줄 뿐만 아니라 세포를 보호하는 역할도 합니다. 식물세포는 세포벽이 있어서 모양이 규

■ 동물세포와 식물세포

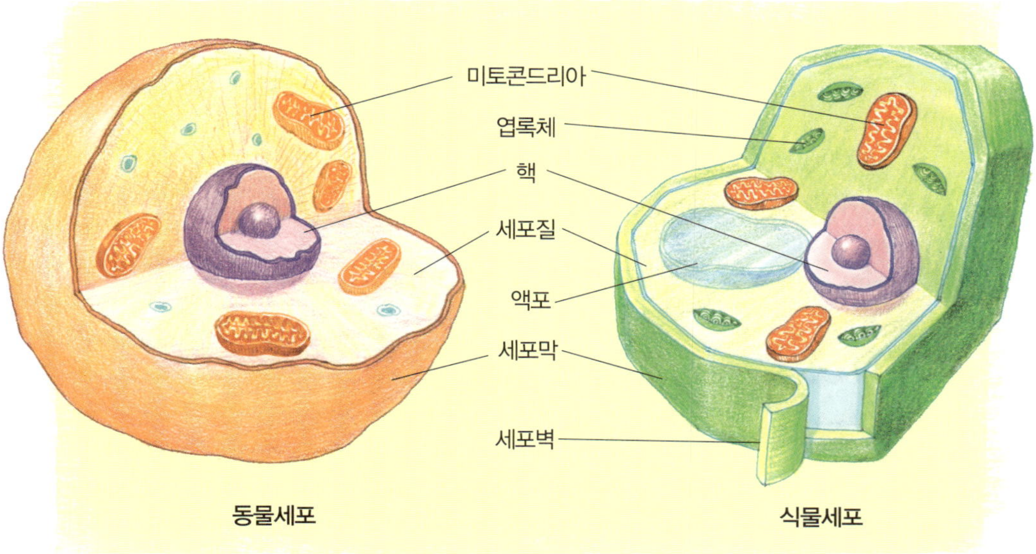

칙적이지만 동물세포는 세포벽이 없어서 모양이 규칙적이지 않습니다. 세포벽이 있고 없고의 차이 외에 식물세포는 동물세포와 또 어떤 점이 다를까요?

동물세포는 세포막 안에 세포질이 있고, 세포질 안에 핵과 미토콘드리아, 리보솜, 리소좀 등이 있습니다. 식물세포에는 동물세포에 있는 물질이 모두 있습니다. 하지만 식물세포는 광합성을 해야 하기 때문에 세포 안에 엽록체를 가지고 있습니다. 이 점이 동물세포와 다른 점이에요. 또 식물세포는 노폐물을 밖으로 내보내기 어려워 세포 속에 노폐물을 저장하는 액포가 발달해 있습니다. 동물세포에도 액포가 있기는 하지만 액포는 주로 식물세포에서 발달해 있습니다. 식물 중에서도 어린 식물보다는 늙은 식물에서 액포가 발달해 있습니다.

세포는 너무 작아서 우리 눈에는 보이지 않습니다. 현미경으로 관찰해

수정란
정자의 핵과 난자의 핵이 합쳐져 만들어진 것을 수정란이라고 하고, 정자와 난자가 하나로 합쳐지는 과정을 '수정'이라고 표현합니다. 다세포생물에서는 정자가 난자에게 다가가 난자와 만나 하나가 되며 수정됩니다. 이때 정자와 난자의 세포막이 합쳐지며 두 개의 생식세포는 하나의 세포가 됩니다.

야지만 세포가 나름의 기능에 따라 모양을 갖추고 있다는 사실을 알 수 있습니다. 그렇다면 세포는 도대체 얼마나 작을까요? 세포의 평균 크기는 보통 20~30㎛(마이크로미터)입니다. 그런데 모든 세포가 이렇게 작지는 않습니다. 눈에 보이는 큰 세포도 있습니다. 대표적인 예로 달걀을 들 수 있습니다. 달걀은 우리 주먹 안에 들어오는 크기이지만 하나의 세포로 이루어져 있습니다.

우리는 아빠의 정자라는 세포와 엄마의 난자라는 세포가 만나 생겼습니다. 열 달 동안 엄마 배 속에서 탯줄을 통해 영양분을 공급받고 자라서 태어났지요. 하지만 닭과 같은 조류는 일단 알을 낳고 나면 어미가 영양분을 공급해 줄 수 없기 때문에 알 속에 영양분을 다 넣은 채로 태어납니다. 그래서 조류의 수정란인 알은 사람의 수정란에 비해 훨씬 큽니다. 그렇다면 지구에서 가장 큰 세포는 무엇일까요? 알 중에서도 가장 큰 타조알이 지구에서 가장 큰 세포라고 할 수 있습니다.

타조 알은 지구에서 가장 큰 세포라고 할 수 있다.
ⓒ Neeta Lind(Neeta Lind@flickr.com)

조류의 알을 제외하고 다른 보통의 세포가 작은 데는 이유가 있습니다. 세포는 생명 활동을 하기 때문에 세포 안쪽에는 산소와 영양분이 필요합니다.

생명 활동 후에는 노폐물과 이산화탄소가 생깁니다. 이때 생긴 노폐물과 이산화탄소는 필요 없기 때문에 바깥으로 내보내야 합니다. 그런데 만약 세포가 너무 크면 산소와 영양분을 받기도, 노폐물과 이산화탄소를 내보내기도 어렵습니다. 핵 주변의 물질이 세포 밖으로 나가려면 너무 멀어서 시간이 오래 걸리기 때문입니다. 그래서 세포는 어느 정도 커지면 분열을 통해 크기를 작게 만듭니다. 이 과정에서 세포의 숫자가 늘어나게 됩니다.

TIP 요건 몰랐지?

마이크로미터

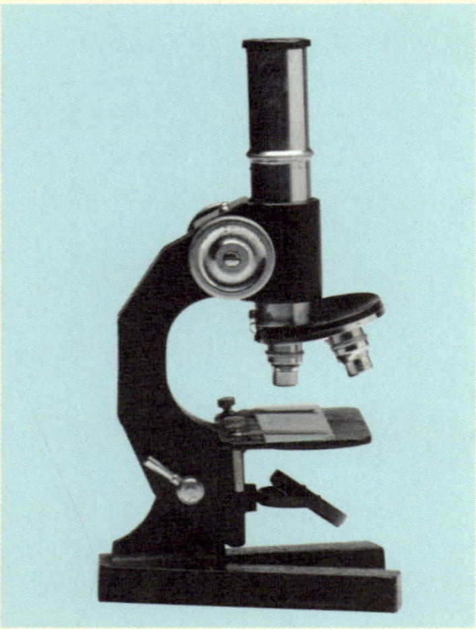

세포를 관찰할 때는 현미경이 필요하다.

마이크로미터는 아주 작다는 뜻의 '마이크로(micro)' 와 길이를 재는 단위인 '미터(meter)' 가 합쳐져 만들어진 단위입니다. 그렇다면 얼마나 작을까요?

1㎛는 100만분의 1m입니다. 1m의 길이를 자로 재어 그 길이를 100만 등분으로 나누면 1㎛가 된다는 뜻이에요. 반대로 1m는 100만㎛라고 할 수 있습니다. 그러면 1㎝는 1만㎛가 되고, 1㎛는 1만분의 1㎝가 됩니다.

세포는 보통 20~30㎛라고 했으니까 우리에게 익숙한 센티미터로 환산하면 세포의 크기는 보통 0.002~0.003㎝ 정도밖에 되지 않습니다. 이렇게 작은 세포는 우리의 눈에는 당연히 보이지 않습니다. 그래서 세포를 관찰할 때는 현미경을 이용합니다.

돋보기로는 안 보이는 거야?
응, 아주 작으니까 현미경이 필요해.

미생물이란 무엇일까요?

미생물이란 보통 크기가 0.1mm, 마이크로미터로 바꾸면 100㎛ 이하의 아주 작은 생물을 말합니다. 생명체 하나의 크기가 세포 하나의 크기와 비슷한 정도이에요. 미생물의 '미' 자는 한자 '작을 '미(微)' 자를 씁니다. 이름에서부터 아주 작은 생물을 의미한다는 사실을 알 수 있습니다.

하나의 세포로만 구성된 미생물도 많습니다. 그래서 사람에게 있는 소화기관이 없는 미생물도 있어요. 소화기관이 없는 미생물은 세포막을 통해 영양분을 직접 흡수합니다. 소화기관은 없지만 미생물은 운동기관을 가지고 있습니다. 미생물마다 다르지만 섬모, 편모 등이 미생물의 대표적인 운동기관입니다.

미생물은 모양이 매우 다양합니다. 대부분 둥근 모양이지만 실이나 막대기처럼 생긴 미생물도 있습니다. 미생물의 종류는 곰팡이와 효모, 바이러스와 박테리아, 물속의 플랑크톤까지 다양합니다. 요즘에는 광우병을 일으키는 바이러스인 프라이온도 미생물로 분류합니다. 그런데 미생물은 지구에 언제부터 존재했을까요?

지구의 역사는 약 45억 년 전에 시작되었습니다. 그리고 지구에서 가장 오래된 화석인 '스트로마톨라이트'는 약 35억 년 전에 만들어졌습니다. 사람이 지구에 나타난 시기는 지금으로부터 약 1만 년 전이니까 사람이 나타

남조류

단세포생물로서 엽록소를 가지고 있어서 광합성을 할 수 있습니다. 세포 하나가 둘로 갈라지는 방법으로 번식합니다. 단세포생물이지만 대부분 여러 세포가 실 모양으로 모여 있어서 다세포생물처럼 보입니다. 남조류가 호수나 강에서 폭발적으로 번식하면 물이 녹색으로 변하기도 하는데, 이를 녹조 현상이라고 합니다.

나기 아주 오래전부터 지구에는 생명체가 존재했어요. 스트로마톨라이트는 남조류라고 하는 미생물 화석입니다. 남조류는 산소가 없던 지구에 이산화탄소를 산소로 바꾸어 준 고마운 미생물입니다. 남조류는 지구에서 최초로 광합성을 시작해 대기 중에 산소를 공급했습니다. 산소가 생기면서 지구는 지금 같은 모습으로 조금씩 변하게 되었습니다.

미생물은 우리 몸에 얼마나 존재할까요? 우리 몸에는 약 600조 개의 미생물이 있습니다. 1조는 엄청나게 큰 숫자입니다. 1조는 1,000,000,000,000 라고 쓰는데 0을 무려 열두 개나 써야 해요. 1조도 엄청나게 큰 숫자인데 1조의 600배에 해당하는 미생물이 우리 몸속에 있다니 쉽게 상상이 되지 않

오스트레일리아 샤크 만의 스트로마톨라이트. © Paul Harrison@the Wikimedia Commons

지요? 다행히 미생물은 아주 작아서 우리 눈에 보이지 않습니다. 만약 미생물이 모두 눈에 보인다면 우리는 신경이 쓰여서 아무 일도 하지 못할 거예요.

이렇게 많은 미생물은 대체 우리 몸속 어디에 있을까요?

미생물은 우리 몸 구석구석에 있습니다. 손과 발에 세균의 형태로 존재하기도 하고, 소화기관 안에도 있습니다. 속눈썹 밑에도 미생물이 살고 있는데, 이 미생물을 '속눈썹 진드기'라고 합니다. 아무리 들여다보아도 보이지 않지만, 속눈썹에 진드기가 있다니 왠지 몸이 간지러워지지 않나요?

우리 몸에는 약 600조 개의 미생물이 있어.
이게 다 네 몸속 미생물이야?

TIP 요건 몰랐지?

미생물의 크기는 모두 같을까요?

담배모자이크바이러스는 세계 최초로 발견된 바이러스이다. 담배, 토마토, 감자 등에 모자이크병을 일으킨다.

담배모자이크병은 담배의 잎이나 줄기에서 모자이크 모양으로 반점이 나타나는 병으로, 이 병이 심하면 식물 전체가 말라서 죽습니다. 이 병의 원인을 찾기 위해 담배모자이크병에 걸린 담뱃잎의 추출물을 여과기에 통과시켜 실험을 했습니다. 하지만 병의 원인은 찾을 수 없었고, 추출된 여과액을 다시 담뱃잎에 바르면 또 담배모자이크병에 걸린다는 사실을 알게 됐습니다. 미세한 구멍의 여과기를 통과할 정도로 작으면서 병을 일으키는 생명체는 무엇일까요? 바로 바이러스입니다.

미생물은 크게 몇 가지 종류로 나눌 수 있습니다. 곰팡이(진균)와 박테리아(세균) 그리고 바이러스가 대표적인 미생물입니다. 이 가운데 가장 크기가 작은 미생물은 바이러스입니다. 바이러스는 여과기로 걸러지지 않을 정도로 작은데, 보통 10~100㎚(나노미터) 정도의 크기입니다. 바이러스보다 조금 큰 미생물은 세균입니다. 세균은 1~4㎛ 정도의 크기입니다.

미생물이라고 하면 보통 상상할 수 없을 정도로 작은 생물이라고 생각하기 쉽지만 비교적 큰 미생물도 있습니다. 진드기 같은 아주 작은 생물이나 곰팡이와 같은 진균류는 우리 눈으로도 볼 수 있는 미생물에 속합니다.

여러 가지 미생물

미생물은 워낙 많은 수가 존재하기 때문에 생긴 모습이 다양합니다. 여러 가지 미생물에 대해 자세히 살펴볼까요?

섬모운동을 하는 미생물

섬모를 가진 대표적인 미생물에는 짚신벌레가 있습니다. 짚신벌레는 이름처럼 정말 짚신을 닮았습니다. 짚신벌레의 몸 전체에는 매우 짧은 털인 섬모가 나 있는데, 섬모를 물결치듯 움직여 몸을 빙글빙글 회전하면서 이동합니다.

짚신벌레는 먹이를 구하는 데에도 섬모를 사용합니다. 짚신벌레는 입 주변의 섬모로 물결을 일으켜 입으로 먹이가 들어가게 합니다. 단세포생물인 짚신벌레는 소화기관이 없습니다. 그래서 짚신벌레는 몸속에 식포라고 하는 작은 공간을 만들어 먹이를 소화합니다. 또 짚신벌레에는 영양에 관여하는 대핵, 생식에 관여하는 소핵, 몸의 농도를 일정하게 유지하는 수축포 등이 있습니다. 수축포는 수축과 확장을 주기적으로 되풀이하면서 몸속 수분을 조절합니다.

식포

아메바나 짚신벌레 같이 미생물 중에는 자기보다 더 작은 미생물을 잡아먹는 미생물도 있습니다. 이런 미생물들은 잡아들인 먹이를 일시적인 소화기관을 만들어서 소화합니다. 이 소화기관을 식포라고 합니다.

■ 짚신벌레의 구조

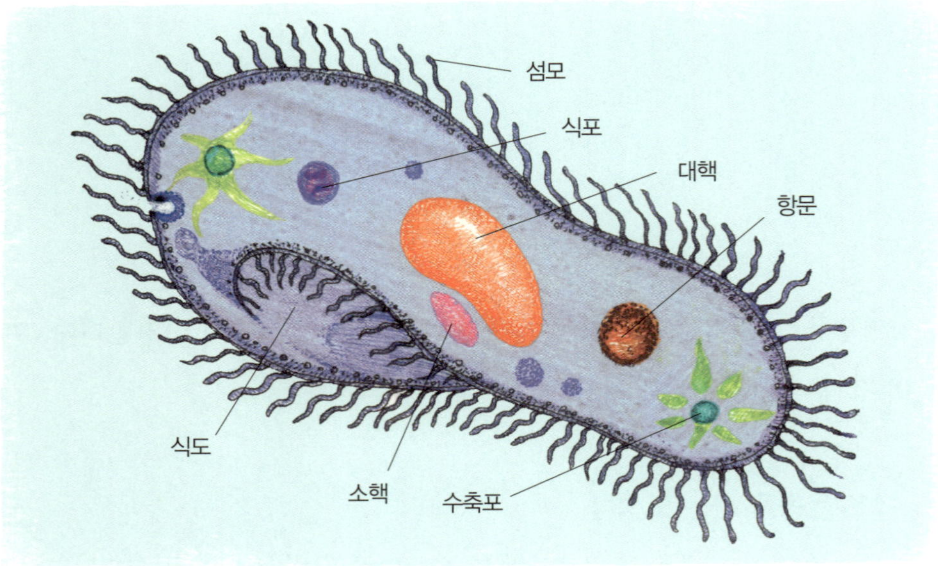

짚신벌레 외에 섬모로 움직이는 미생물로는 종벌레와 나팔벌레가 있습니다.

편모운동을 하는 미생물

유글레나는 연두색을 띠고 있어 연두벌레라고도 하는데, 양 끝이 뾰족한 원기둥 모양으로 생겼습니다. 몸의 끝에 있는 편모를 움직여 이동합니다. 편모는 온몸에 미세하게 덮여 있는 섬모와 다르게 긴 털로 되어 있습니다. 유글레나는 편모로 움직여 이동하기 때문에 원생동물로 분류하기도 하지만 식물과 동물의 특성을 모두 가지고 있습니다.

유글레나의 식물적인 특성은 엽록체가 있어 광

원생동물

몸이 한 개의 세포로 되어 있는 동물을 말합니다. 세포에 편모, 섬모, 위족, 감각기관 등의 세포 기관을 갖춘 동물 무리입니다.

■ 유글레나의 구조

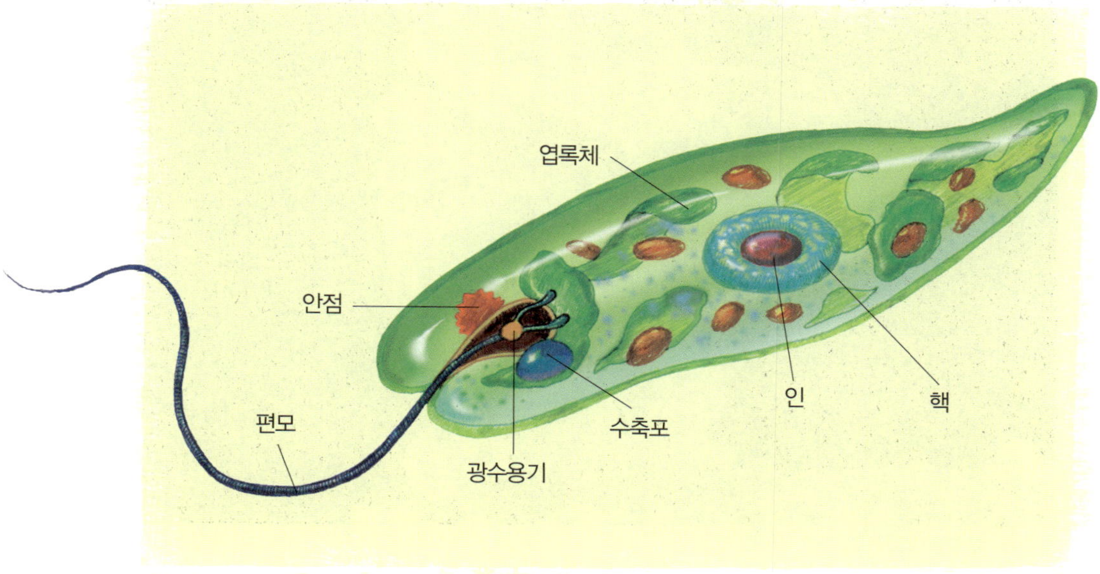

합성을 통해 스스로 양분을 만든다는 점입니다. 동물적인 특성으로는 입이나 수축포가 있다는 점, 사람처럼 빛을 감지하는 기관인 안점이 있다는 점, 세포벽이 없는 점 등이 있습니다. 유글레나는 이러한 식물과 동물의 특성을 이용해 빛이 있을 때에는 엽록체로 광합성을 하고, 빛이 없을 때에는 식물플랑크톤이나 세균 등을 잡아먹습니다. 유글레나 외에 편모로 움직이는 미생물에는 야광충, 트리파노소마, 클라미도모나스 등이 있습니다.

대장균도 편모로 움직이는 미생물입니다. 대장균은 양쪽 끝이 둥글고 길이가 2~4㎛ 정도 되는 편모를 가지고 있습니다. 대장균은 사람을 포함해 포유류의 장 속, 특히 대장 속에 많이 존재합니다. 포유류의 저항력이 떨어지면 대장균은 방광염이나 복막염, 전염성 설사 등을 일으킵니다.

대장균은 짚신벌레나 아메바에 비해 훨씬 작지만 번식력이 엄청나게 빠

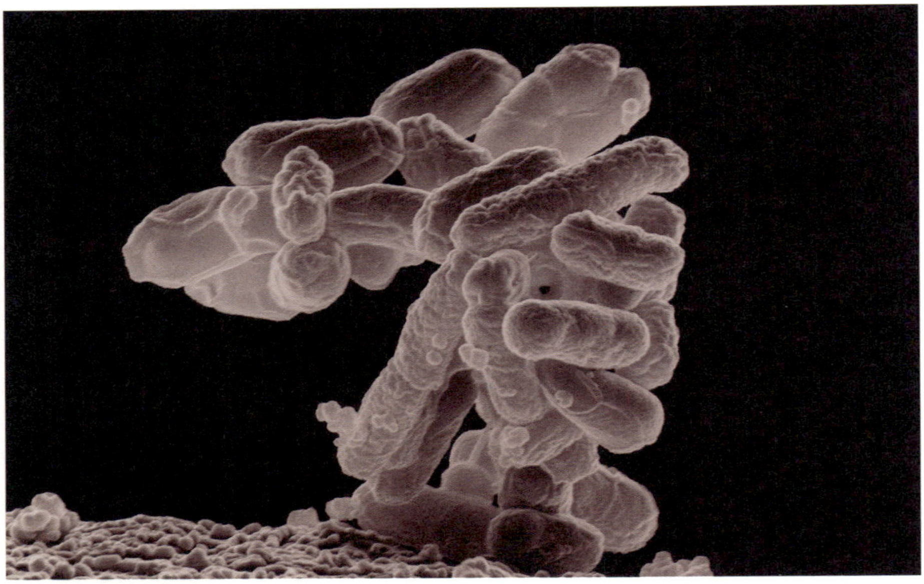

1만 배 확대된 대장균의 모습.

릅니다. 분열을 통해 만들어진 대장균이 다시 분열할 수 있을 만큼 성장하는 데에는 20분도 걸리지 않습니다. 이렇게 빠른 속도로 번식할 수 있는 이유는 이분법이라는 번식 방법 때문입니다. 이분법은 정자와 난자의 결합 없이 혼자서 자신의 몸을 둘로 나누는 번식 방법을 말합니다. 한 마리의 대장균이 24시간 동안 만드는 자손의 수가 지구에 사는 사람 수의 1,000억 배 정도 된다고 하니, 어마어마한 숫자이지요? 우리가 상한 음식을 먹었을 때 금방 배가 아파지는 이유도 대장균이 그만큼 빨리 번식하기 때문입니다.

위족 운동을 하는 미생물

위족으로 이동을 하는 미생물도 있습니다. 바로 아메바입니다. 아메바는 물속이나 축축한 흙, 동물의 몸속에 삽니다. 아메바는 몸 전체가 한 개의 세포인데, 다른 세포와 마찬가지로 세포막 안쪽에 액체로 된 세포질이 있

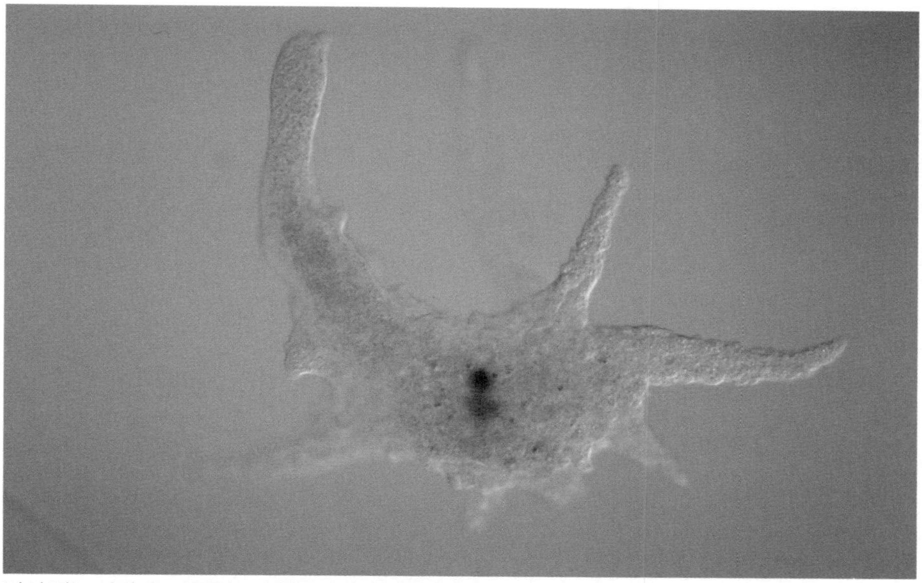

발이 없는 아메바는 몸을 늘여 꿈틀거리며 이동한다. ⓒ dr.Tsukii Yuuji@the wikimedia commons

습니다. 하지만 아메바의 세포질은 끈끈한 액체로 되어 있습니다. 끈끈한 액체를 쭉쭉 늘여 꿈틀거리며 움직이지요. 이때 아메바 표면에서 늘어나며 형성되는 가지 돌기를 위족이라고 합니다. 위족은 가짜 발이라는 뜻으로 헛발이라고도 부릅니다. 아메바는 한 개에서부터 수십 개의 위족으로 운동하며, 먹이를 먹을 때에도 위족을 이용합니다. 먹이를 위족으로 싸서 세포 안에 넣은 다음 식포를 만들어 소화하고 찌꺼기는 수축포를 통해 배설합니다.

위족으로 움직인다고 해서 모두 아메바처럼 몸을 늘여 움직이지는 않습니다. 위족류인 유공충은 몸을 단단한 껍데기로 감싸고 있는데, 껍데기 바깥에 나 있는 구멍들로 위족을 내보내 움직입니다.

포자

식물이 무성생식을 하기 위하여 형성하는 생식세포로 홀씨라고도 합니다. 보통 단세포로 혼자 발아하여 새 세대 또는 새 개체가 됩니다.

포자로 번식하는 미생물

섬모, 편모, 위족으로 운동하는 생물은 대개 이분법으로 번식합니다. 하지만 포자로 번식하는 미생물도 있습니다. 대표적으로 말라리아병원충과 누에에 기생하는 미립자병원충이 있습니다. 이러한 미생물은 운동기관이 없어 먹이를 잡지 못하기 때문에 영양분을 흡수하기 위해 기생 생활을 합니다. 기생 생활이란 다른 동식물에 붙어서 영양분을 흡수하며 사는 생활을 말합니다. 그런데 포자류도 위족이나 편모를 가지는 시기가 있습니다. 따라서 포자류는 위족류나 편모류와 밀접한 관계가 있습니다.

식물성 미생물

미생물이라고 모두 운동기관을 가지고 있지는 않습니다. 운동기관이 있어서 움직일 수 있는 미생물을 동물성 미생물, 움직이지 못하고 광합성을 하는 미생물을 식물성 미생물로 분류합니다.

대표적인 식물성 미생물로 해캄이 있습니다. 해캄은 광합성을 통해 영양분을 얻습니다. 또한 다른 미생물들과 달리 해캄은 하나의 세포로 이루어진 단세포생물이 아니라 여러 개의 세포로 이루어진 다세포생물입니다. 해캄은 봄부터 여름까지 따뜻한 물이 흐르는 물가의 바위나 호수, 늪 등에서 볼 수 있습니다. 짙은 녹색을 띠며 머리카락 모양이고, 일반적으로 크게 번성하여 한 덩어리를 이룹니다. 보통 세포가 분열하여 자라는데, 1m 이상까지 자라는 경우도 있습니다. 또한 해캄은 이분법으로 주로 번식하므로 몸이 잘리면 각 도막이 새로운 개체를 이룹니다.

해캄을 현미경으로 관찰하면 녹색을 띤 머리카락처럼 보인다.
ⓒ Bob Blaylock@the Wikimedia Commons

해캄이 논에 많이 번식하면 벼의 생장을 방해하고, 연못이나 양어장에 많이 번식하면 물고기의 운동을 방해합니다. 해캄을 없애는 방법으로는 아주 많은 양의 물에 황산구리나 표백제를 타서 뿌리거나 산화칼슘을 뿌리는 방법이 있습니다. 물을 적게 타서 농도를 진하게 하거나 많은 양을 사용하면 오히려 벼나 물고기에게 해가 될 수 있으므로 조심해서 사용해야 합니다.

균사로 이루어진 미생물

엽록소가 없어서 스스로 영양분을 만들지 못하고 기생 생활을 하는 미생물이 있습니다. 대표적으로 몸이 머리카락 모양의 균사로 이루어진 털곰팡이와 물곰팡이가 있어요. 이들 곰팡이는 일반 곰팡이들과는 달리 편모성

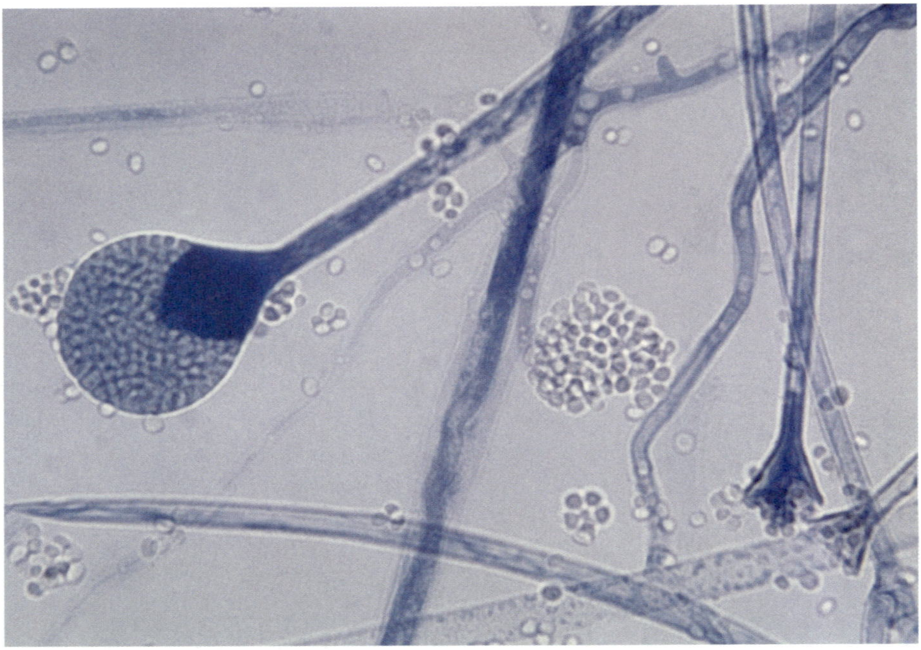

털곰팡이는 대표적인 접합 균류로 종에 따라 형태가 다양하다.

접합

생물의 생식 방법 중 하나입니다. 암수 구별이 없는 두 개체가 일시적으로 달라붙어 핵과 유전자를 교환하고, 다시 분리되며 생식하는 방법입니다.

세포를 만듭니다. 편모성 세포를 가지고 다니다가 비슷한 세포를 만나면 서로 달라붙어 접합을 합니다. 접합을 통해 만든 새로운 개체는 아메바처럼 위족 운동으로 생활하다가 생활하기 어려워지면 버섯처럼 포자를 만들어 다시 새로운 세포를 만듭니다.

화분이나 나무에 물을 너무 많이 주어서 식물이 시든 모습을 본 적 있나요? 그럴 때 보통 뿌리가 썩어서 시들었다고 합니다. 식물의 뿌리가 썩는 이유는 뿌리 안에 물곰팡이가 있기 때문입니다. 물곰팡이는 주로 물에서 살면서 상처가 있거나 병든 동식물을 감염시킵니다. 그런데 물곰팡이라고 해서 꼭 물에서만 사는 것은 아닙니다. 육지에 사는 물곰팡이는 위협적인 병원균으로 농작물에 역병을 일으킵니다. 물곰팡이가 피해만 주는 것은 아닙니다. 물곰팡이는 죽은 동식물의 사체를 분해하는 이로운 역할도 합니다.

역병에 걸린 토마토. 줄기와 열매가 군데군데 갈색으로 변했다. ⓒ Tony Austin(Tony Austin@flickr.com)

물속을 떠나디는 미생물

물속에서 물결에 따라 떠다니며 사는 작은 생물이 있습니다. 바로 플랑크톤입니다. 플랑크톤은 운동할 수 있는 능력이 전혀 없거나 아주 약해서 수동적으로 움직입니다. 그래서 부유생물이라고도 합니다. 스스로 영양분을 얻을 수 있으냐 없느냐에 따라 식물플랑크톤과 동물플랑크톤으로 나뉩니다. 식물플랑크톤은 엽록소가 있어서 물속에서 광합성을 합니다.

플랑크톤은 물고기의 먹이가 되고, 무기물에서 유기물을 생산하는 생산자로서 중요한 역할을 합니다. 또한 물속 생물이 숨을 쉴 수 있게 해 줍니다. 물속 생물이 숨을 쉴 수 있는 이유는 물속에 산소가 녹아 있기 때문이라고 생각하기 쉽습니다. 하지만 산소는 물에 잘 녹지 않습니다. 물속 생물이 산소를 얻을 수 있는 이유는 식물플랑크톤이 물속에서 광합성을 해서 산소를 만들기 때문입니다. 물속 생물에게 플랑크톤은 아주 고마운 존재입니다. 그런데 플랑크톤은 너무 빠르게 번식해 문제를 일으킵니다. 플랑크톤이 바

물에 영양염류가 많이 포함되면 플랑크톤이 비정상적으로 번식하여 적조 현상을 일어난다.

다의 표면을 덮을 정도로 늘어나면 바닷물의 색깔이 변합니다. 보통 붉은 색으로 변하기 때문에 이러한 현상을 적조 현상이라고 합니다.

적조 현상이 생기면 플랑크톤은 자신들의 호흡이나 사체를 분해하는 데 산소를 많이 씁니다. 따라서 다른 생물들에게 산소를 공급하지 못하지요. 산소가 부족해지면 어패류가 죽는 등의 피해가 일어납니다. 적조 현상은 주로 물의 온도가 올라갈 때, 바람이 전혀 불지 않아 바다의 움직임이 없을 때, 그리고 육지의 물이 바다로 들어가 바닷물의 영양염류가 늘어날 때 일어납니다. 영양염류는 우리가 쓰는 세제나 샴푸 등에 많이 들어 있습니다. 적조 현상이 일어나는 데 우리가 일정 부분 역할을 하는 셈입니다. 적조 현상은 세계 어느 곳에서나 일어날 수 있으며, 대체로 6월에서 9월 사이에 많이 일어납니다.

TIP 요건 몰랐지?

재미있는 형태의 미생물

종벌레

종 모양으로 생겨서 종벌레라는 이름이 붙었습니다. 몸의 길이는 0.1~0.2㎜ 정도이고, 머리 부근에 섬모가 있습니다. 이동은 하지 못하고 그 자리에서 몸을 활발히 움직입니다. 입 주위에 있는 섬모로 먹이를 잡고, 깨끗한 물이 아닌 4급수에 많이 삽니다.

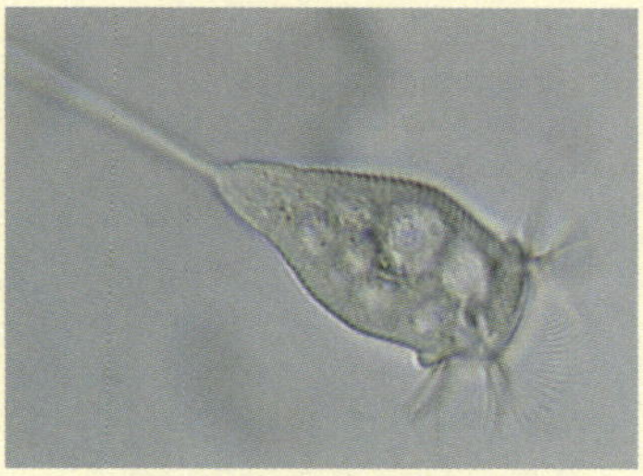

종벌레. ⓒ Giuseppe Vago@flickr.com

야광충

공 모양처럼 생겼고, 크기는 지름 약 2㎜ 정도로 눈으로 간신히 볼 수 있을 정도입니다. 껍데기가 없고, 입처럼 깊게 패인 거대한 편모공이 있습니다. 굵은 촉수 한 개가 몸 밖으로 나와 원생동물이나 새우의 새끼 같은 먹이를 잡아먹습니다.

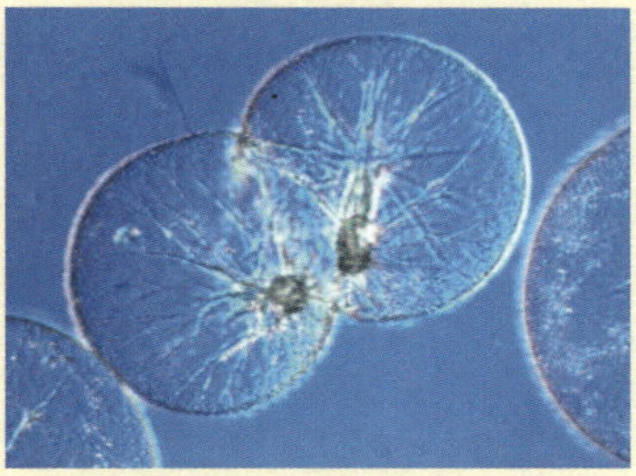

야광충.

볼복스

강이나 호수에만 사는 원생생물입니다. 크기와 모양이 같은 두 개의 편모를 가진 단세포가 500~5,000개 모여 생활합니다. 논이나 웅덩이 같은 고여 있는 물이 따뜻해질 때 생기며, 녹색으로 되어 있는 몸을 편모로 회전해 움직입니다.

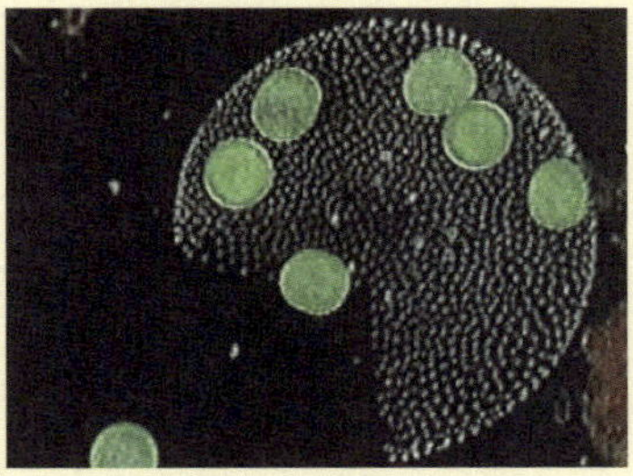

볼복스.
ⓒ Dr. Ralf Wagner@the wikimedia Commons

원핵생물과 진핵생물

생물을 분류하는 기준은 여러 가지가 있습니다. 세포의 핵막이 있는지 없는지에 따라 생물을 분류하는 방법도 있습니다. 세포에서 가장 중요한 부분은 핵입니다. 핵은 세포 중앙에 둥근 모양으로 보통 한 개씩 있습니다. 핵은 이중으로 된 막으로 싸여 있는데, 이 막을 핵막이라고 합니다. 세포의 핵막이 없는 생물을 원핵생물, 핵막이 있는 생물을 진핵생물이라고 합니다.

원핵생물은 대부분 단세포생물로, 핵막이 없습니다. 지구 상에서 가장 오래된 화석인 스트로마톨라이트와 우리 몸속에 있는 대장균과 젖산균 등이 원핵생물에 속합니다.

진핵생물은 세포막이 있고, 그 안에 세포질과 핵이 있으며 세포질에 포함된 여러 가지 기관이 있습니다. 원핵생물의 구조보다 훨씬 발달해 있지요. 사람도 진핵생물이며, 지구 상에 존재하는 대부분의 생물이 진핵생물에 속합니다.

아주 먼 옛날에는 원핵생물만 존재했습니다. 어떻게 진핵생물이 생겨났는지에 대해 많은 사람들이 연구했지만 정답을 얻지는 못했습니다. 대신 두 가지의 가설을 내놓았습니다.

세포막이 안쪽으로 말려들어 겹치면서 세포 안에 여러 가지 기관이 만들

■ 진핵세포와 원핵세포

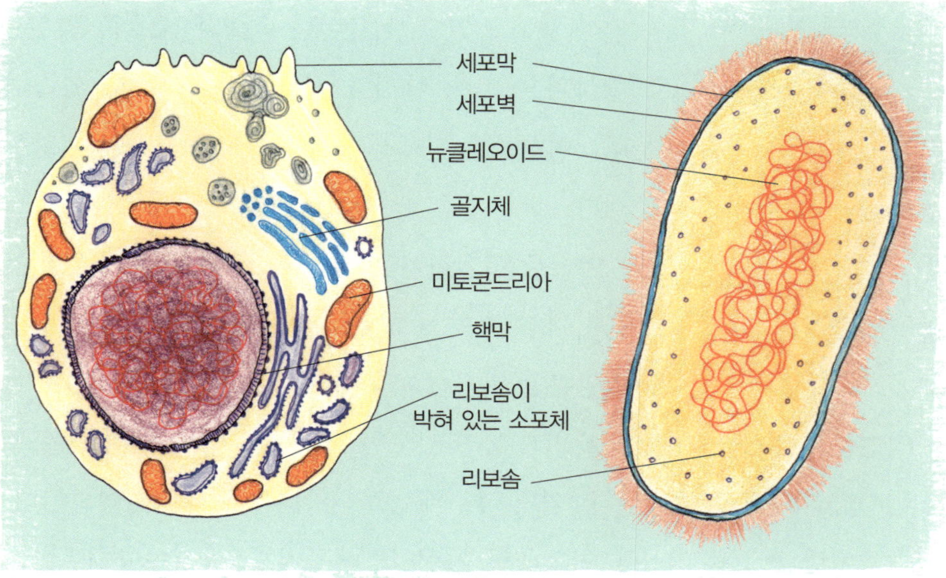

어져 진핵생물이 나타났다는 학설이 있습니다. 이 가설이 세포막설입니다. 또 하나는 세포내 공생설입니다. 원핵세포의 공생에 의해 진핵생물이 만들어졌다는 학설입니다. 이 학설은 다른 원핵생물에게 먹힌 원핵생물이 소화되지 않고 남아 있다가 공생하게 되어 진핵생물이 만들어졌다고 설명합니다. 진핵세포의 미토콘드리아는 호기성세균에서, 엽록체는 호기성광합성균인 시아노박테리아(남조류)에서 유래했다고 추정합니다. 미토콘드리아와 엽록체는 DNA가 있고, 필요한 효소 일부를 스스로 합성할 수 있어서 하나의 세포였을 것이라 생각한 거예요.

호기성

생물이 공기 속이나 산소가 있는 곳에서 정상적으로 생활하거나 자랄 수 있는 성질을 말합니다.

두 개의 가설 중 무엇이 맞는지는 아직 밝혀지지 않았습니다.

일반적으로 미생물은 원생생물에 속합니다. 원생생물에는 비세포균, 리

원생생물

몸이 한 개의 세포로 된 단세포 생물을 통틀어 이르는 말입니다. 핵막의 유무, 광합성 색소의 유무와 종류, 생식 방법 등을 기초로 하여 여러 집단으로 나누는데, 이 가운데에는 동물과 식물로 나누기가 분명하지 않은 생물도 있습니다. 원핵·진핵·고등·하등 원생생물로 나뉩니다.

케차, 세균류, 남조류 등과 같은 원핵생물로 이루어진 미생물도 있고, 식물이나 동물의 어느 쪽에도 포함하기 어려운 단세포생물군 진핵생물도 있습니다. 미생물은 원핵생물과 진핵생물 모두를 포함합니다.

미생물은 살아가는 데 필요한 양분을 어떻게 얻는지에 따라 두 종류로 나눌 수 있습니다. 사람처럼 영양분을 먹어서 보충해야 하는 종속영양 미생물과 영양분을 먹을 필요 없이 햇빛과 물만 있으면 광합성을 통해 살 수 있는 독립영양 미생물로 나뉩니다. 쉽게 식물과 동물의 차이라고 할 수 있습니다. 식물처럼 스스로 양분을 합성하면 독립영양생물이고, 독립영양생물이나 다른 종속영양생물을 먹으며 살아가면 종속영양생물입니다. 또 호흡하는 데 산소가 필요한지에 따라 산소가 필요하면 호기성미생물, 산소가 필요 없으면 혐기성미생물로 구분합니다. 살아가는 데 필요한 온도에 따라 저온성, 중온성, 그리고 고온성 미생물 등으로 나눌 수도 있습니다.

TIP 요건 몰랐지?

뿌리혹박테리아

강낭콩이나 녹두 같은 콩과 식물의 뿌리에 기생하는 박테리아를 뿌리혹박테리아라고 합니다. 뿌리에 침입해 뿌리의 조직을 군데군데 크고 뚱뚱하게 만듭니다. 뿌리혹박테리아는 공기 중의 질소를 단백질로 합성해 생태계에 공급해 주기 때문에 우리에게는 매우 유용한 박테리아입니다.

뿌리혹박테리아는 콩과 식물의 뿌리 근처에서 살다가 식물의 뿌리에 들어가서 작은 혹을 만든다.

뿌리혹박테리아는 처음에는 모양이 막대기 모양이지만 점점 커가면서 액포를 만들어 공 모양으로 변합니다. 뿌리혹박테리아는 공기 중의 질소를 고정해 콩과 식물에게 공급하고, 콩과 식물은 뿌리혹박테리아에게 양분을 제공합니다. 그래서 콩과 식물은 질소 성분이 부족한 척박한 땅에서도 잘 자랄 수 있습니다. 뿌리혹박테리아는 0~50℃에서 살 수 있고 20~28℃에서 가장 잘 자랍니다.

Q&A 꼭 알고 넘어가자!

문제 1 식물세포는 동물세포와 어떤 점이 다를까요?

문제 2 미생물이란 무엇인가요?

3. 짚신벌레는 짚신을 닮았습니다. 몸 전체에 나 있는 섬모를 이용하여 움직입니다. 유글레나는 연두색을 띠고 있으며, 엽록체를 가지고 있어 광합성을 할 수 있습니다. 긴 편모를 이용하여 움직입니다. 아메바는 몸 전체가 한 개의 세포로 되어 있고 위족으로 이동합니다.

4. 원핵생물은 단세포생물로, 핵막이 없습니다. 진핵생물은 세포막이 있고, 그 안에 세포질과 핵이 있으며 세포질에 포함된 여러 가지 기관이 있습니다. 원핵생물의 구조보다 훨씬 발달해 있습니다.

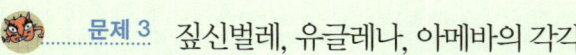

문제 3 짚신벌레, 유글레나, 아메바의 각각의 특징에 대해 말해 보세요.

문제 4 원핵생물과 진핵생물의 특징에 대해 말해 보세요.

정답

1. 핵, 세포막, 세포질 그리고 미토콘드리아는 동물세포와 식물세포에서 모두 볼 수 있습니다. 그러나 세포벽과 엽록체는 식물세포에서만 관찰됩니다. 또한 액포는 식물세포에서 더욱 발달해 있습니다.

2. 0.1㎜ 크기의 아주 작은 생물입니다. 하나의 세포로만 구성된 것들이 많고, 모양이 매우 다양합니다. 미생물은 우리 몸에 약 600조 개가 살고 있으며, 손과 발에 세균의 형태로 존재하기도 하고 소화기관 안에도 있습니다.

관련 교과

초등 5학년 1학기 4. 작은 생물의 세계
중학교 1학년 4. 생물의 구성과 다양성

2. 병을 일으키는 미생물

미생물은 아주 작지만 사람에게 도움을 주기도 하고, 해를 끼치기도 합니다. 사람에게 도움을 주는 미생물에는 우리 배 속에서 장을 튼튼하게 지키는 대장균, 요구르트를 만드는 유산균 등이 있습니다. 이와 반대로 우리 몸에 좋지 않은 미생물도 있습니다. 감기와 무좀에 걸리는 원인도 미생물 때문입니다. 우리에게 해로운 미생물에는 무엇이 있을까요?

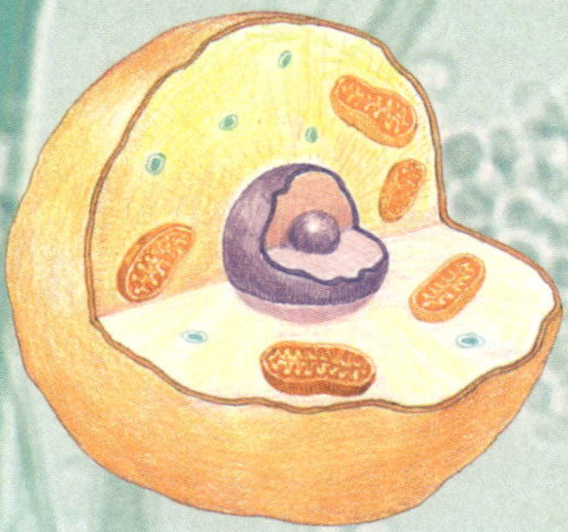

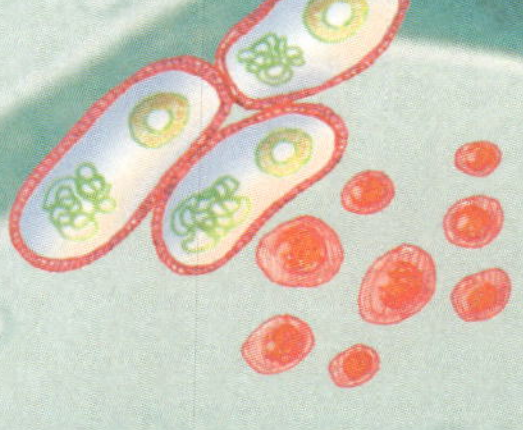

프라이온과 바이러스

여러분은 광우병이라고 들어 본 적 있나요? 광우병은 소에게 생기는 병이에요. 소의 뇌세포에 구멍이 생겨 소가 난폭한 행동을 하고 잘 걷거나 서지 못하는 등의 증상을 보이다가 죽는 병입니다. 주로 4세에서 5세 사이의 소에서 발생합니다. 광우병의 원인은 프라이온이라는 물질 때문입니다.

프라이온(Prion)은 단백질(Protein)과 비리온(Virion:바이러스 입자)의 합성어로, 바이러스처럼 전염력을 가진 단백질 입자라는 뜻입니다. 프라이온은 지금까지 알려진 박테리아나 바이러스, 곰팡이, 기생충 등과는 전혀 다른 종류의 질병 감염 인자입니다. 보통의 바이러스보다 훨씬 작습니다. 사람을 포함해 동물이 프라이온에 감염되면 뇌에 스펀지처럼 구멍이 뚫려 뇌 기능을 잃게 됩니다. 프라이온은 광우병뿐 아니라 알츠하이머병인 노인성치매 등에서도 주요한 역할을 한다고 알려져 있습니다.

프라이온이 살기 위해서는 살아 있는 다른 세포가 반드시 필요합니다. 다른 세포에 결합하지 못하면 생명체가 아닌 단백질 결정 덩어리일 뿐입니다. 그래서 단백질 결정 덩어리를 미생물에 포함할지 확실하게 정해지지는 않았지만 자기 복제 능력이 뛰어나다는 점과 바이러스처럼 전염력이 있다는 점에서 미생물에 포함하기도 합니다.

프라이온은 정상적인 상태에서는 뇌세포의 활동에 중요한 역할을 합니

다. 그러나 자신의 구조를 변형하려는 성질이 있어서 변형이 일어나는 경우 뇌에 치명적인 분자를 만듭니다. 변형된 프라이온 단백질은 분해 효소에 의해 분해되지 않으며 자외선, 화학물질 등에 강합니다. 특히 열에 강해서 100℃ 이상의 고온에서도 특성을 잃지 않습니다.

그런데 광우병의 원인인 프라이온처럼 바이러스는 모두 무서운 존재일까요?

반드시 그렇지만은 않습니다. 우리가 흔히 걸리는 감기도 바이러스의 한 종류입니다. 하지만 목숨을 위협할 정도는 아니지요.

바이러스는 세포와 떨어지면 생명체가 아니기 때문에 혼자 이동할 수 없

습니다. 그래서 감기 바이러스는 감기에 걸린 사람이 기침할 때 나오는 침이나 콧물을 통해 이동합니다. 침이나 콧물이 닿은 곳은 바이러스에 오염됩니다. 오염된 곳을 다른 사람이 만지면 손에 바이러스가 묻습니다. 바이러스를 손에 묻힌 채로 코나 눈을 만지거나 비비면 감기 바이러스에 감염됩니다.

바이러스는 곤충의 몸에 들어가 이동하기도 합니다. 대표적인 예로 뇌염모기를 들 수 있습니다. 뇌염모기는 일본뇌염 바이러스를 몸에 싣고 다니다가 사람을 물어 바이러스를 퍼뜨립니다. 일본뇌염에 걸리면 혼수상태, 두통 등의 증상이 나타나고 사망률이 높습니다. 일본뇌염을 예방하기 위해서는 예방접종을 하는 것이 좋습니다.

에이즈도 바이러스로 감염되는 질병 중의 하나입니다. 에이즈 바이러스는 세포 속에서 면역을 담당하는 림프구를 공격합니다. 림프구가 공격을 당해 파괴되면 외부로부터 들어오는 여러 세균이나 바이러스에 대한 면역 기능을 잃게 됩니다. 면역이 없는 상태이기 때문에 여러 가지 질병에 쉽게 걸립니다. 이렇게 인간 면역 결핍 바이러스에 의해서 생기는 질병이기 때문에 에이즈를 다른 말로 후천 면역결핍증이라고도 부릅니다. 에이즈는 감염되고 증상이 나타나기까지 평균 10년 정도 걸리며 사망률이 높은 무서운 질병입니다. 에이즈 바이러스는 면역 체계를 완전히 무너뜨려 면역 작용을 하지 못하게 만듭니다. 따라서 아주 작은 세균이나 바이러스 감염에도 생명을 위독하게 만들지요.

사람 몸에는 많은 세균과 바이러스가 있지만 매번 병에 걸리지 않는 이유는 몸속 면역 체계 때문입니다. 어른에 비해 어린이가 감기나 전염병에 더 잘 걸리는 이유는 어린이의 면역 체계가 어른에 비해 튼튼하지 못하기 때문입니다.

면역

세균이나 바이러스로부터 우리 몸을 지키려는 방어 체계를 말합니다.

림프구

골수와 림프 조직에서 만드는 둥근 모양의 세포입니다. 백혈구의 한 종류이지요. 감염된 세포를 파괴하거나 항체를 생산하여 인체의 면역 기능을 담당합니다.

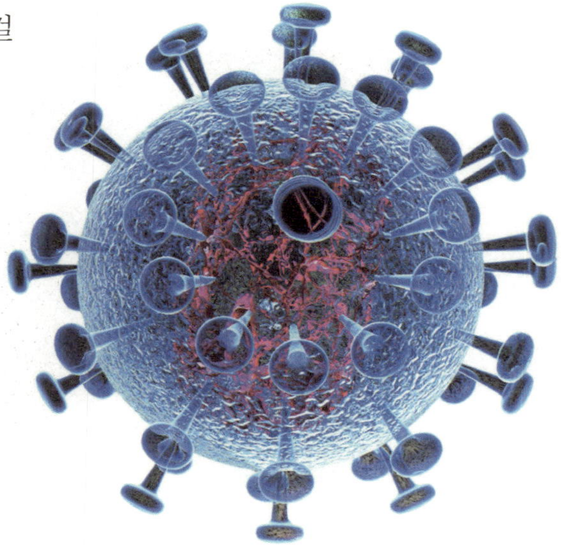

HIV로 알려진 에이즈 바이러스. 면역 체계를 파괴해서 외부에서 들어오는 여러 세균이나 바이러스에 대한 면역 기능을 잃게 만든다.

TIP 요건 몰랐지?

광우병의 시작

광우병은 1986년 영국 과학자들에 의해 처음으로 확인되었습니다. 광우병으로 죽은 소의 뇌 조직을 현미경으로 들여다보았더니 뇌세포 사이에 구멍이 숭숭 뚫려 있었습니다. 광우병은 소의 뇌에 구멍이 생겨 미친 소와 같은 증상을 보이고 전신 마비를 일으키다 결국에는 죽는 위험한 병입니다. 광우병은 사람에게도 매우 심각한 문제입니다. 그 이유는 광우병에 걸

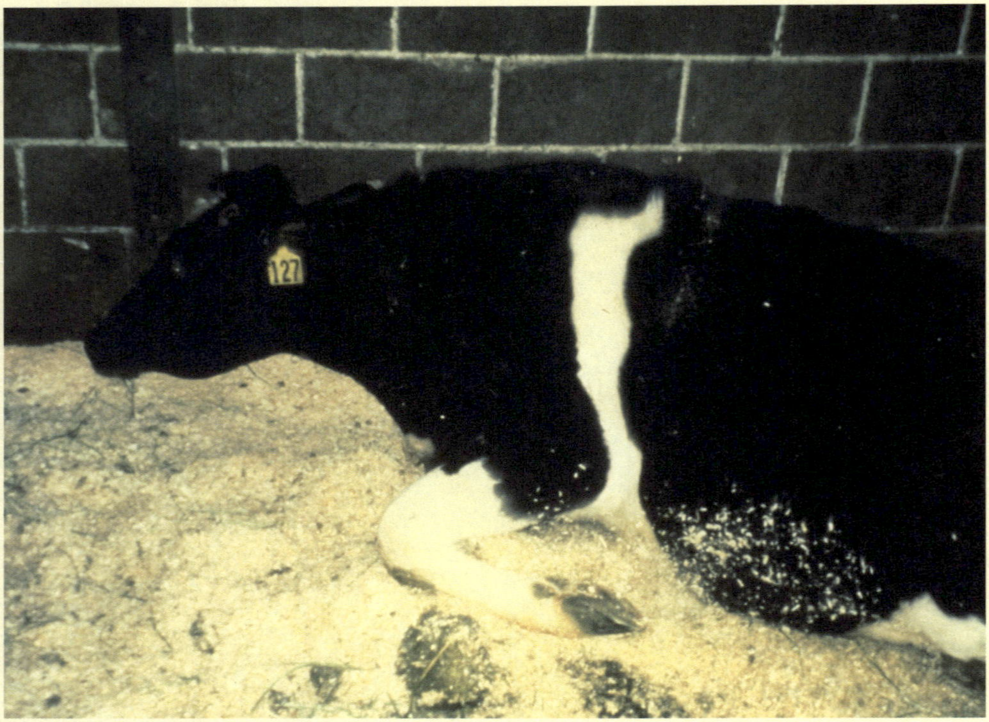

광우병에 걸린 소는 비틀거리고 뒷다리로 일어서지 못한다.

린 소의 고기를 먹은 사람도 광우병이 전염되기 때문입니다.

광우병에 걸린 소의 고기나 뇌를 먹은 사람이 광우병에 걸린다는 직접적인 증거는 아직 없습니다. 하지만 1996년 3월 영국의 보건 복지부 장관이 광우병의 원인이 되는 프라이온 단백질의 화학구조가 크로이츠펠트·야코프병을 일으키는 원인 물질과 비슷하다는 연구 결과를 받아들였습니다. 광우병이 인간에게 감염될 가능성을 인정하여 당시 세계 육류 업계는 커다란 타격을 입었습니다.

그 후 영국, 스페인, 독일 등에서 광우병에 걸린 소를 먹은 사람이 크로이츠펠트 · 야코프병과 유사한 변종 크로이츠펠트·야코프병 증세로 사망하는 사고가 발생했습니다. 광우병이 인간에게 전염될 가능성이 더욱 커진 셈이지요. 이에 따라 전 세계는 광우병 예방 대책 마련에 힘쓰고 있습니다.

그러나 현재까지 광우병의 치료 방법을 찾지는 못했습니다. 프라이온 단백질은 끓이거나 삶는 등의 일반적인 소독 방법으로는 제거되지 않기 때문에 광우병에 걸린 소와 관계된 음식을 먹지 않는 방법이 최선이라고 할 수 있습니다.

헬리코박터파일로리균

산성도

산성의 세기를 나타내는 정도를 말합니다. 수소 이온 농도 지수(pH)로 나타냅니다.

대부분의 세균은 열과 산성도에 굉장히 민감합니다. 따라서 음식 속 세균은 음식을 끓일 때 죽거나 완전히 죽지 않더라도 위산의 산성도가 강하기 때문에 위에서 살아남기 힘듭니다. 하지만 독한 위산이 분비되는 위 속에서도 끄떡없이 살아남는 균이 있습니다. 바로 헬리코박터파일로리균입니다. 어떻게 이런 일이 가능할까요?

위에서는 염산이 분비됩니다. 염산이 하는 일 중의 하나는 살균 작용입니다. 대부분의 세균은 염산에 의해 죽습니다. 하지만 여러 가지 위장병을 일으키는 헬리코박터파일로리균은 염산에도 죽지 않습니다.

헬리코박터파일로리균은 사는 곳부터가 독특합니다. 위벽은 위산으로 손상을 입지 않도록 끈끈한 점액질로 덮여 있습니다. 헬리코박터파일로리균은 이 점액질 밑, 위 점막에 붙어 삽니다. 다른 생물체는 점액질을 뚫고 들어가지 못하지만 헬리코박터파일로리균은 섬모를 이용해 점액질을 뚫고 위 점막에 붙을 수 있습니다. 하지만 위벽의 제일 바깥층에 머무를 뿐 점막을 뚫고 위벽 속으로 들어가지는 않습니다. 헬리코박터파일로리균은 점막에 붙어 살면서 위벽 깊숙이 독소를 전달해 위 세포를 파괴합니다.

헬리코박터파일로리균을 처음 발견한 사람은 오스트레일리아의 병리학

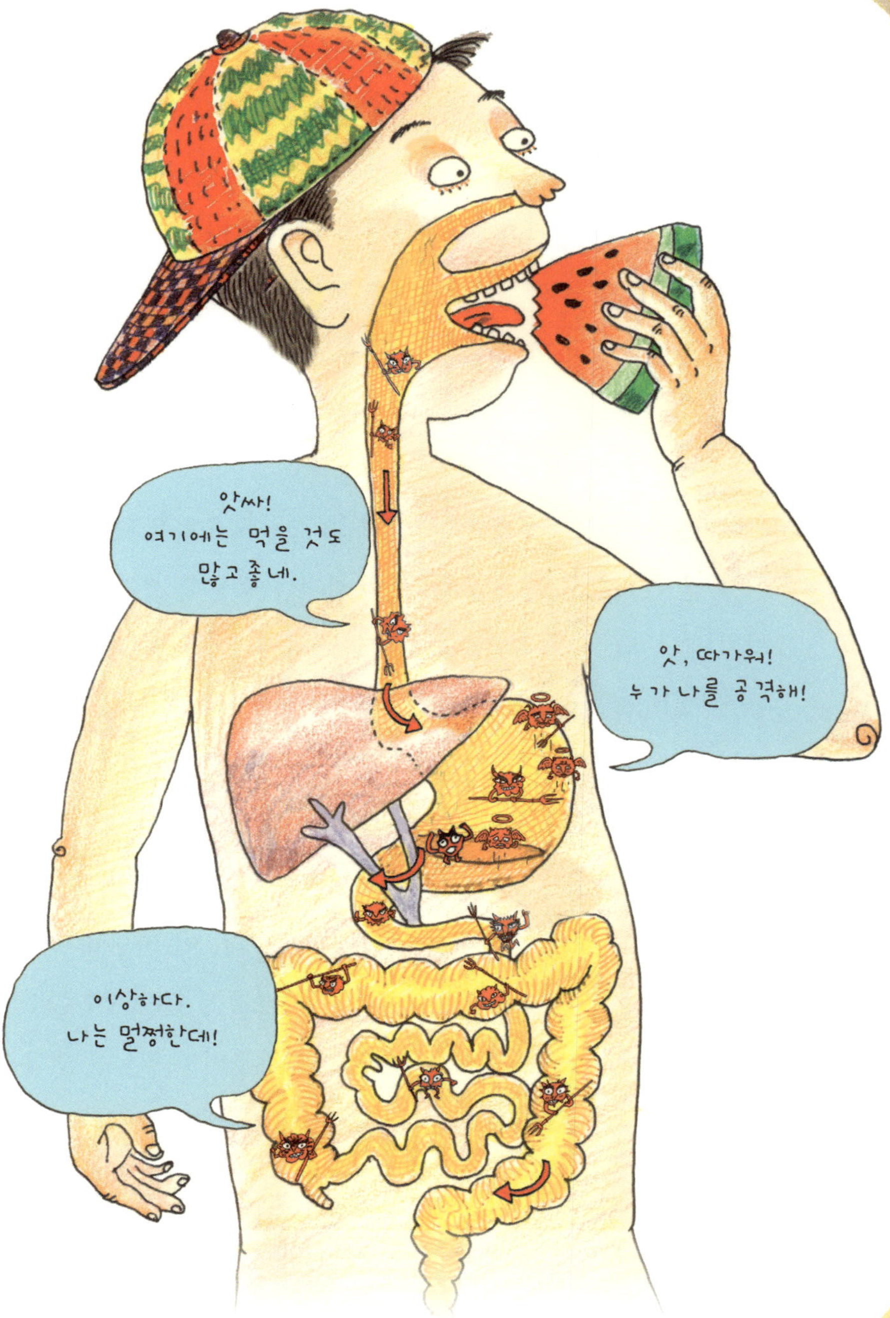
앗싸!
여기에는 먹을 것도
많고 좋네.
앗, 따가워!
누가 나를 공격해!
이상하다.
나는 멀쩡한데!

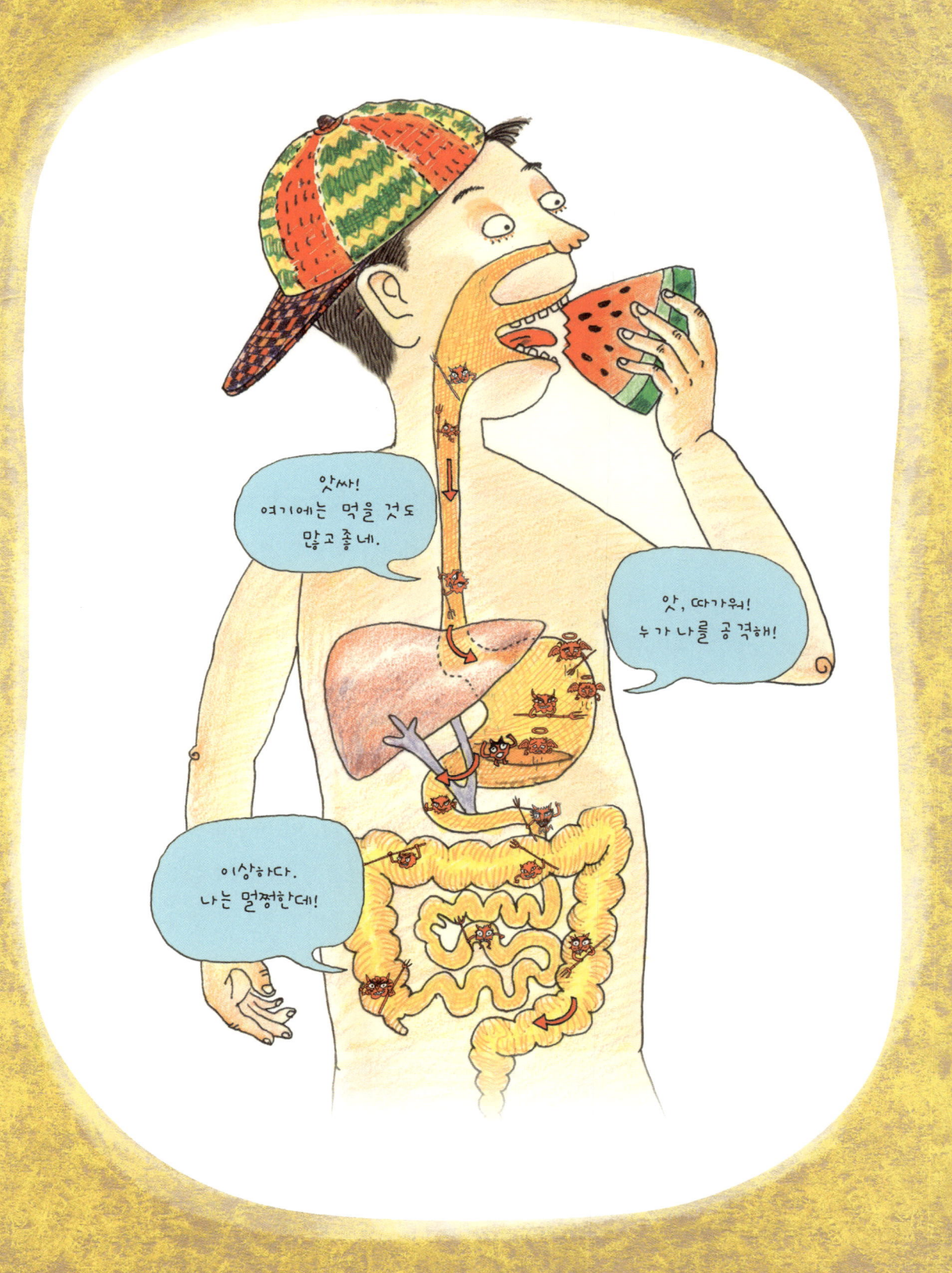

자인 로빈 워런과 의사이자 미생물학자인 배리 마셜입니다. 워런은 생체 조직 현미경 검사를 통해 위의 아래쪽에 기생하는 굽은 형태의 작은 박테리아를 찾았습니다. 이 박테리아가 사는 곳 주변 점막에는 항상 염증이 있다는 사실도 발견했어요. 하지만 당시만 해도 위에는 강한 위산이 있어 세균이 살 수 없다고 믿었기 때문에 1982년에 워런이 이 사실을 학회에 보고했을 때 워런은 거짓말쟁이로 몰렸습니다. 워런의 이러한 주장을 과학적으로 처음 입증한 사람이 마셜입니다. 마셜은 몇 차례의 생체 조직 검사를 통해 워런이 말한 위 속 박테리아의 정체를 확인하고, 이를 헬리코박터파일로리균이라고 이름 붙였습니다. 그리고 이 균이 위궤양은 물론 소화기 질환의 원인이라는 사실을 처음으로 주장했습니다. 치료법을 찾기 위해 직접 균을 먹어 급성 위궤양이 생기게 한 뒤 항생제를 복용해 제거한 마셜의 일화는 유명합니다. 워런과 마셜은 헬리코박터파일로리균의 발견으로 노벨상을 수상했습니다.

헬리코박터파일로리균이 여러 가지 위장병을 일으키기는 하지만 무조건 나쁜 균이라고 할 수는 없습니다. 그 예로 미국의 뉴욕 대학교 연구팀이 3세에서 15세 사이의 어린이를 대상으로 연구한 결과를 들 수 있습니다. 이 연구에서 헬리코박터파일로리균을 가지고 있는 5세 이하의 어린이가 감염되지 않은 어린이에 비해 천식을 앓을 확률이 40% 낮게 나타났습니다. 또 13세 이하의 어린이의 경우 헬리코박터파일로리균을 가지고 있으면 천식에 감염되지 않을 확률이 60%에 이르렀습니다. 헬리코박터파일로리균이 항생제를 먹는 것보다 천식 예방에 더 효과적이라는 뜻입니다.

TIP 요건 몰랐지?

손에 사는 세균

우리 몸에는 많은 세균이 있습니다. 그중에서도 손은 우리 몸에서 가장 자주 사용하는 부분이고, 물건에 주로 닿는 곳이기 때문에 많은 세균이 살고 있습니다. 미국 콜로라도 주립대학교 연구진의 연구 결과, 한 사람의 손바닥 한 개에는 평균 150종류의 세균이 있다고 밝혀졌습니다.

사실 손에 세균이 많다고 해서 그 자체로 위험하지는 않습니다. 손에 있는 세균이 우리 몸으로 들어오는 경우가 위험합니다. 예를 들어 더러운 손을 코나 입으로 가져가거나 깨끗하지 않은 손으로 눈을 비비고 상처를 긁으면 수많은 세균이 몸 안으로 들어올 수 있습니다.

전염병이 돌거나 감기가 유행할 때는 사람들이 마스크를 하고 다니는 모습을 볼 수 있습니다. 바이러스나 세균이 호흡기인 코와 입을 통해 들어와 감염된다고 생각하기 때문입니다. 틀린 말은 아니지만 호흡으로 감염되는 경우보다 손을 호흡기로 가져가서 감염되는 경우가 더 많습니다. 따라서 손을 깨끗이 씻는 것만으로도 감염성 질병의 60%를 예방할 수 있습니다. 손을 씻을 때에는 비누나 세정제를 이용해 충분히 거품을 낸 후 구석구석 깨끗이 씻어야 합니다. 손의 물기를 닦을 때에는 여러 번 사용한 수건보다는 종이 타월이나 깨끗한 수건을 사용하는 것이 좋습니다.

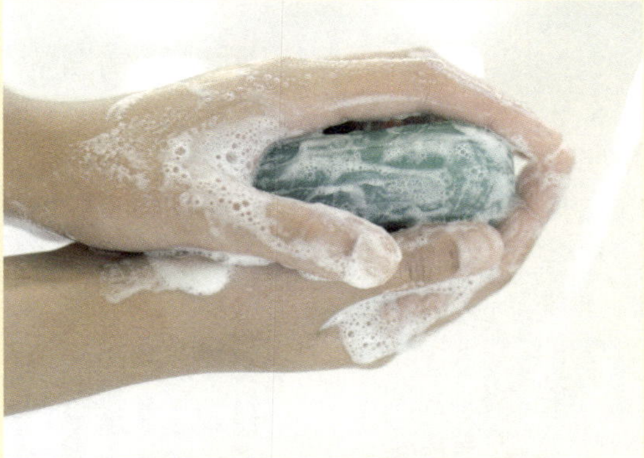
손 씻기는 감염성 질병 예방에 효과적이다.

박테리아

세균은 생물체 중에서 가장 작고, 가장 하등에 속하며 단세포로 이루어진 미생물입니다. 세균은 박테리아라고도 불리는데, 지구 어디에나 있으며 동물의 위나 장 같은 다른 생물의 몸 안에서 살기도 합니다. 생명력이 강해서 아주 뜨겁거나 아주 추운 곳에서도 살 수 있습니다.

박테리아의 대부분은 생태계 안에서 분해자 역할을 합니다. 분해자는 생태계를 구성하는 생물 요소 중의 하나로, 생물의 죽은 몸과 배설물을 분해합니다. 생태계는 분해자에게 분해된 물질인 무기물이 다시 식물에게 공급되는 과정을 거치며 순환됩니다. 생태계를 유지하는 데 박테리아는 매우 중요한 역할을 하고 있습니다.

박테리아가 이로운 일만 하는 것은 아닙니다. 우리가 먹는 음식물을 썩게 만들거나, 나무나 금속 등을 못 쓰게 만드는 등의 해로운 일도 합니다. 또 사람이나 동식물을 병들게 하는 말썽꾸러기이기도 합니다. 해로운 박테리아의 대표적인 예로 폐를 상하게 하는 결핵균, 피부 질환을 일으키는 포도상 구균이나 연쇄상 구균, 또 식중독을 일으켜 생명까지 위협하는 O-157균 등이 있습니다. 우리 몸에 해로운

O-157균

1996년 일본에서 8,000여 명의 환자가 발생하면서 주목받기 시작한 병원성 대장균입니다. 오염된 음식물을 통해 감염되어 식중독을 일으킵니다. O-157균으로 식중독에 걸리면 3~4일간의 잠복기를 거쳐 설사와 복통 증상이 나타납니다.

이런 박테리아를 병의 원인이 되는 균이라고 해서 병원균이라고 부릅니다. 병원균은 세포를 뚫고 들어가 사람의 몸 안에 독소를 퍼트려 질병을 일으킵니다.

병원균에 감염되면 항생제로 치료합니다. 항생제는 다른 미생물이나 생물 세포를 선택적으로 억제하거나 죽이는 약입니다. 하지만 박테리아가 항생제에 순순히 당하고만 있지는 않습니다. 항생제에 의해 죽지 않고 어떻게든 살아남기 위해 새로운 변종을 만듭니다. 이러한 변종이 바로 슈퍼박테리아입니다.

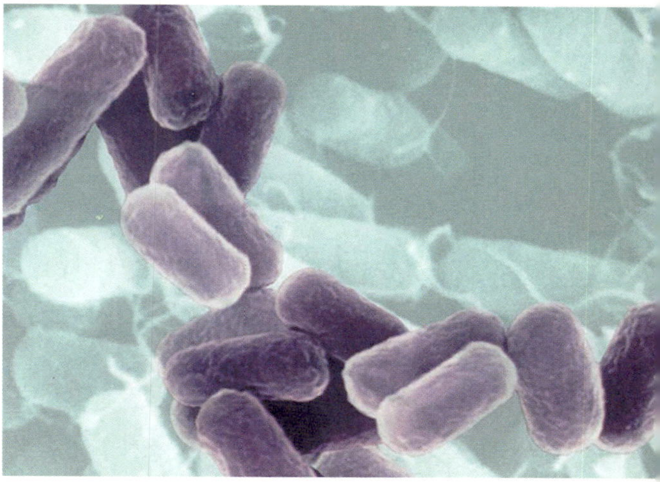

강력한 항생제로도 죽지 않는 슈퍼박테리아의 모습.

'슈퍼(super)' 라는 말이 붙으면 매우 강력하다는 의미가 더해집니다. 슈퍼맨, 슈퍼우먼처럼 말이지요. 슈퍼박테리아는 박테리아 중에서 가장 강력한 힘을 가져 어떠한 항생제에도 저항할 수 있습니다.

슈퍼박테리아는 항생제를 분해하거나 힘을 못 쓰게 만듭니다. 항생제의 활성화를 막아 자신을 지키지요. 이러한 슈퍼박테리아가 면역력이 약해진 사람의 몸에 들어가면 감염을 일으켜 질병이 생깁니다. 특히 슈퍼박테리아는 병원에서 많이 감염된다고 합니다. 병원을 찾는 사람들은 면역이 약해져 있는 경우가 많아 슈퍼박테리아에 감염될 확률이 높습니다. 또한 건강한 사람이라도 환자와 접촉하거나 환자가 만진 물건을 통해 슈퍼박테리아가 전염될 수 있습니다. 하지만 이런 슈퍼박테리아도 손을 깨끗이 씻는 방법으로 예방할 수 있습니다.

그러면 이러한 박테리아는 어디에 살고 있을까요?

박테리아는 어떤 곳에서도 번식하면서 살 수 있습니다. 우리가 사는 곳은 물론이고 아주 더운 지방이나 화산이 폭발하는 곳 등 우리가 상상할 수 없는 곳에서도 살고 있습니다. 박테리아가 가장 좋아하는 환경은 놀랍게도 우리의 몸입니다. 우리 몸은 박테리아가 좋아하는 조건을 고루 갖추고 있습니다. 적당한 온도와 습도에 박테리아의 먹이가 온몸에 붙어 있지요. 그래서 박테리아는 우리 몸에 붙어 살려고 호시탐탐 기회를 노리고 있습니다.

우리 몸에는 겨드랑이, 발가락 사이, 머릿속 땀샘, 항문과 입술 등 작은 틈이 많이 있습니다. 박테리아는 이러한 작은 틈을 좋아합니다. 아빠들이 많이 걸리는 질병 중에 무좀이 있지요? 무좀은 백선균이나 효모균이 발가락 사이에

침입해 생기는 전염 피부병입니다. 아빠들이 무좀에 걸리는 이유는 여러 가지가 있지만, 군대에 있을 때 군화를 오래 신고 있어서 걸린 경우가 많습니다. 군화는 통풍이 되지 않아 땀이 고이기 쉽습니다. 축축한 환경을 좋아하는 박테리아가 살기 좋은 장소이지요.

무좀을 일으키는 균은 쉽게 없어지지 않아 20대에 생긴 무좀을 40~50대까지도 앓고 있는 사람이 많습니다. 따라서 치료도 중요하지만 예방이 무엇보다 중요합니다. 먼저 땀을 많이 흘린 날에는 반드시 목욕을 해야 합니다. 목욕을 한 뒤에는 물기가 남기 쉬운 발가락 사이와 겨드랑이 등을 완전히 말려야 하지요. 그리고 신발을 자주 햇볕에 내다 말리는 방법도 무좀 예방에 좋습니다.

TIP 요건 몰랐지?

조류독감과 신종 인플루엔자A

요즘 뉴스를 보면 옛날에는 없던 병이 생겼다는 말을 합니다. 왜 옛날에는 없던 새로운 병이 생길까요?

바로 바이러스 때문입니다. 바이러스는 혼자서는 살지 못하고 다른 동식물에 의지해서 살아갑니다. 의지하는 생물이 바뀌면 바이러스도 잘 적응하지 못해 대부분 죽습니다. 그래서 동물 사이에서 전염병이 돌아도 사람에게 직접 감염되는 경우는 드물었지요. 그런데 어느 순간 새에게 기생해서 살아가는 바이러스가 사람에게 옮겨 가도 죽지 않는 현상이 나타났습

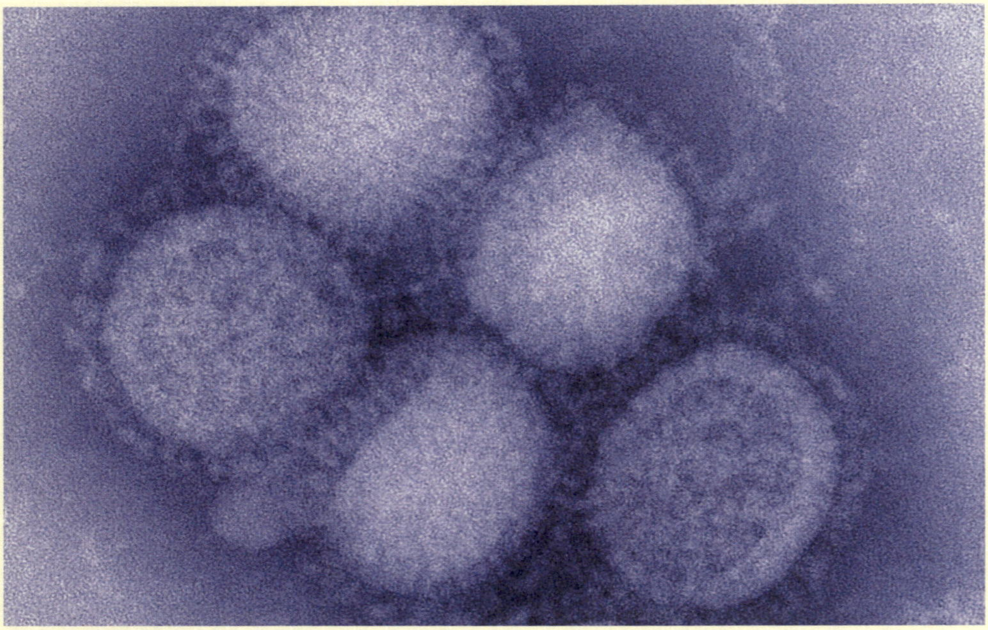

신종 인플루엔자 A의 모습.

니다. 바이러스가 변이를 일으켰기 때문입니다. 새에서 시작되는 바이러스 전염병이 바로 조류독감, 다른 말로 조류 인플루엔자입니다.

오랫동안 조류독감은 사람에게 해롭지 않다고 알려져 있었습니다. 그래서 사람들은 조류독감에 대해 아무런 대비책이 없어 속수무책으로 당할 수밖에 없었지요. 그러면 조류독감은 어떻게 예방할 수 있을까요?

조류독감은 새와 직접 접촉 하지 않으면 사람에게 감염되지 않습니다. 또 조류독감에 걸린 새를 먹는다고 해도 75℃ 이상으로 가열해서 먹으면 사람에게 큰 문제는 없습니다. 익혀 먹으면 괜찮은 것은 돼지독감도 마찬가지입니다. 하지만 돼지독감은 사람과 사람 사이에 전염이 된다는 점이 조류독감과 다릅니다. 또 돼지독감은 독감을 일으키는 인플루엔자 바이러스가 돼지와 직접 관련이 있는지도 아직 정확하게 밝혀지지 않았습니다. 그래서 돼지독감은 '신종 인플루엔자A' 라고 부르고, 흔히 '신종 플루' 라고 합니다.

조류독감이든 신종 인플루엔자A이든 일반 감기처럼 치료약이 대중화되어 있지 않기 때문에 예방이 중요합니다. 손을 항상 깨끗이 씻고, 사람 많은 곳에 자주 가지 않아야 합니다. 재채기나 기침을 할 때 입을 막고 하는 등 생활 속에서 조심해야 전염병으로부터 건강을 지킬 수 있습니다.

손을 깨끗이
씻어야 조류독감과
신종플루를 예방할
수 있어.

Q&A 꼭 알고 넘어가자!

문제 1 광우병이란 무엇이고, 광우병의 원인이 되는 물질은 무엇인가요?

문제 2 헬리코박터파일로리균은 독한 위산이 분비되는 위 속에서 어떻게 살 수 있을까요?

3. 손에 있는 세균이 우리 몸으로 들어올 수 있기 때문입니다. 더러운 손을 코나 입으로 가져가거나 깨끗하지 않은 손으로 눈을 비비고 상처를 긁으면 수많은 세균이 몸 안으로 들어올 수 있습니다. 세균이 호흡기로 들어가 감염되는 것보다는 세균이 붙어 있는 손을 호흡기로 가져가서 감염되는 경우가 더 많습니다.

4. 슈퍼박테리아는 어떤 항생제에도 저항할 수 있는 박테리아입니다. 슈퍼박테리아는 자신을 죽이려는 항생제를 분해하거나 힘을 못 쓰게 만듭니다. 항생제의 활성화를 막아 자신을 지키지요. 이러한 슈퍼박테리아가 면역력이 약해진 사람의 몸에 들어가면 감염을 일으켜 질병이 생깁니다.

문제 3 손을 깨끗하게 씻어야 하는 이유는 무엇일까요?

문제 4 슈퍼박테리아란 무엇인가요?

정답

1. 광우병은 소의 뇌세포에 구멍이 생겨 소가 난폭한 행동을 하고, 잘 걷거나 서지 못하는 등의 증상을 보이다가 죽는 병입니다. 광우병의 원인은 프라이온이라는 물질 때문입니다. 프라이온은 보통의 바이러스보다 훨씬 작고, 사람을 포함해 동물이 감염되면 뇌에 스펀지처럼 구멍이 뚫려 뇌 기능을 잃게 됩니다.

2. 헬리코박터파일로리균은 위산으로부터 안전한 장소에서 삽니다. 위벽은 위산으로부터 손상을 입지 않도록 끈끈한 점액질로 덮여 있습니다. 헬리코박터파일로리균은 이 점액질 밑, 위 점막에 붙어 삽니다. 헬리코박터파일로리균은 섬모를 이용해 점액질을 뚫고 위 점막에 붙을 수 있습니다.

관련 교과

초등 5학년 1학기 4. 작은 생물의 세계
중학교 1학년 4. 생물의 구성과 다양성

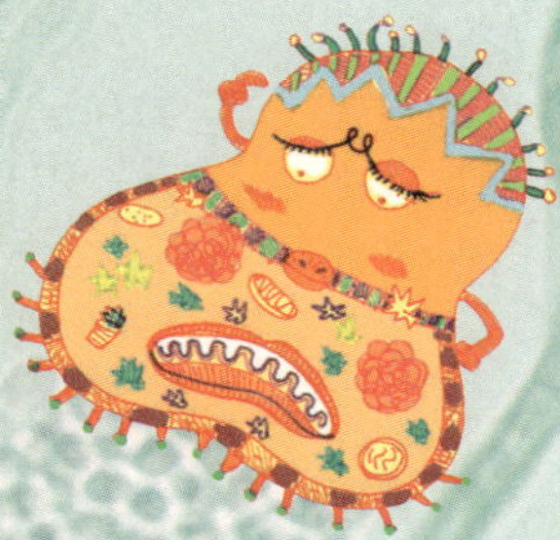

3. 미생물의 종류

미생물이라고 하면 굉장히 작아 눈에 보이지 않고, 분해자 역할을 하며, 병을 일으키는 물질이라고 생각하기 쉽습니다. 하지만 미생물 중에는 눈에 보이는 것도 있고, 우리가 먹을 수 있는 것도 있습니다. 다양한 미생물의 종류에 대해 알아볼까요?

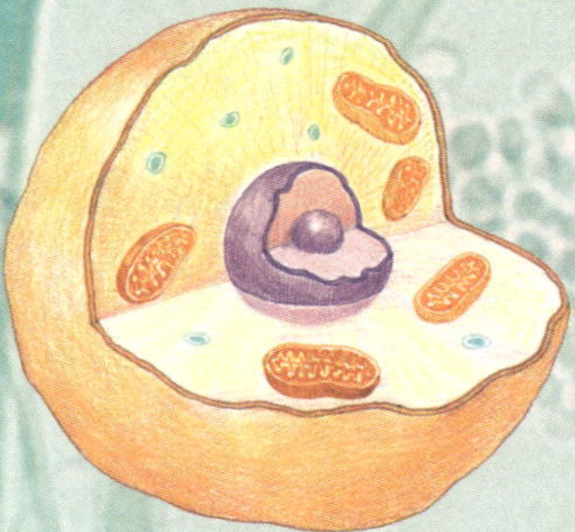

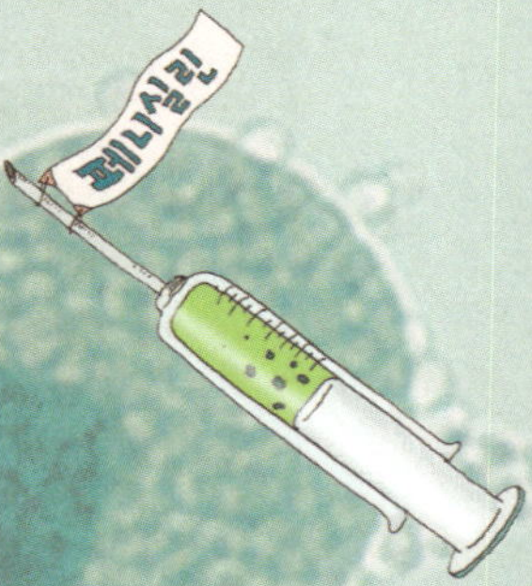

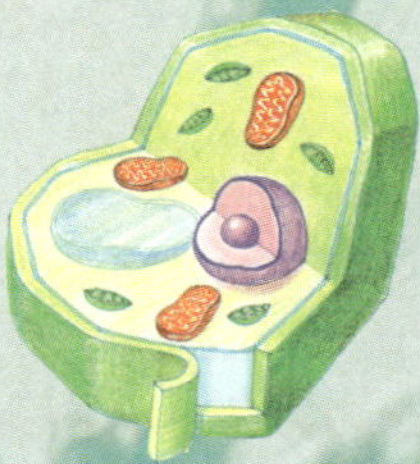

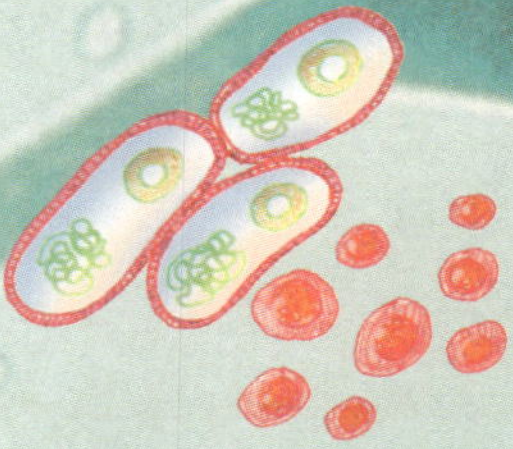

곰팡이

곰팡이는 미생물 가운데에서도 균류에 속합니다. 균류는 예전에는 식물에 포함시켰지만 여러 가지 특성이 식물과는 전혀 달라 요즘에는 동물이나 식물과는 다른 생물로 봅니다. 곰팡이는 자손을 퍼뜨리는 방법도 동식물과는 다릅니다. 곰팡이는 꽃이 피지 않아서 씨앗을 만들지 않습니다.

대신 바람이나 물을 이용해 포자를 널리 퍼뜨려 번식합니다. 공기 중에는 우리 눈에 보이지는 않지만 살 곳을 찾아 이리저리 떠다니는 포자가 있습니다. 이러한 점이 미생물과 비슷하기 때문에 곰팡이를 미생물로 분류합니다.

곰팡이는 공기 중에 포자로 떠다니다가 온도, 습도, 양분 등의 조건이 맞으면 자리를 잡고 '포자 → 발아 → 균사 → 포자' 과정을 반복하면서 점점 몸집을 불립니다. 포자가 번식해서 만든 그물 모양의 실을 균사라고 부릅니다. 우리가 곰팡이를 눈으로 확인하는 경우는 균사가 덩어리를 이루었을 때입니다. 이러한 균사 덩어리를 균사체라고 합니다.

곰팡이는 어디에서 살까요? 곰팡이는 주로 습기가 많은 곳에 삽니다. 목욕탕이나 베란다, 또는 싱크대처럼 항상 물을 사용하는 곳에 살아요. 그래서 비가 많이 내리는 장마철에는 곰팡이가 많이 생깁니다. 목욕탕이나 싱크대 외에 곰팡이가 사는 곳은 어디일까요? 바로 우리의 신발 속입니다. 발바닥에는 수많은 작은 땀샘이 있습니다. 땀은 땀샘에서 만들어져 땀구멍을 통해 분비됩니다. 이로 인해 신발은 곰팡이가 좋아하는 습기가 많은 환경이 되지요. 신발 속에서 번식하는 곰팡이는 발 냄새의 원인이 되며 심하면 무좀을 일으킬 수 있습니다. 이를 예방하기 위해서는 스프레이 타입의 항진균제를 신발에 뿌리거나 신지 않는 신발은 햇볕에 말리는 것이 좋습니다.

오래된 음식물에도 곰팡이가 삽니다. 김치찌개를 건드리지 않고 며칠 동안 두면 표면이 허옇게 되고, 솜사탕처럼 얇은 실이 내려앉은 모습을 볼 수 있지요. 이것 역시 곰팡이의 균사체입니다. 이렇듯 곰팡이는 영양분이

알렉산더 플레밍
Alexander Fleming, 1881~1955

영국의 세균학자입니다. 세균을 죽이는 라이소자임을 발견했습니다. 라이소자임은 동물의 눈물과 침 등에 있는 물질로 세균의 감염을 막을 수 있습니다. 또 인플루엔자 바이러스를 연구하던 중 푸른곰팡이가 세균을 죽일 수 있다는 사실을 발견했습니다.

많은 음식과 습기가 많은 곳 등에 붙어 삽니다.

곰팡이라고 무조건 해를 끼치는 일만 하지는 않습니다. 곰팡이가 유익하게 이용되는 예를 살펴볼까요? 녹말을 당으로 바꾸는 누룩곰팡이는 술이나 간장, 된장 등을 만드는 데 이용되고, 당에서 알코올을 만드는 효모는 술이나 빵을 만들 때 이용됩니다. 1929년 영국의 과학자 플레밍은 푸른곰팡이가 세균을 죽일 수 있다는 사실을 발견하고, 이 물질에 페니실린이라고 이름을 붙였습니다. 페니실린으로 세균 때문에 고생하던 환자들을 치료할 수 있었고, 의학 수준도 크게 발전했습니다.

TIP 요건 몰랐지?

이끼는 식물일까요?

우산이끼는 습하고 그늘진 곳에서 자라며 세계 각지에 널리 분포한다.

곰팡이 외에 습한 곳에 생기는 물질로는 이끼가 있습니다. 하지만 곰팡이와 이끼는 다릅니다. 곰팡이는 식물이 아니지만 이끼는 물속 생활에서 육지 위의 생활로 옮겨 가는 중간 단계의 식물입니다.

식물이라면 당연히 꽃이 피어야 하지만 이끼는 꽃이 피지 않는 민꽃식물입니다. 꽃이 피지 않아도 뿌리, 줄기, 잎이 있고 광합성을 하므로 식물이 맞습니다. 하지만 관다발이 없어 물과 양분이 이동할 수 없기 때문에 거의 땅에 붙어 자랍니다. 또 번식을 할 때 수분이 많이 필요해서 습한 환경에서 삽니다. 이끼 중에서도 솔이끼와 물이끼는 줄기와 잎을 구별할 수 있지만, 우산이끼는 줄기와 잎을 구별하기 어렵습니다.

버섯

여러분은 버섯을 좋아하나요? 버섯은 향이 독특하고 영양이 풍부해서 요리 재료로 많이 쓰이지요. 그런데 버섯은 식물일까요? 버섯은 꽃이 피지 않고 광합성도 못합니다. 따라서 버섯은 식물이 아닙니다. 그렇다면 버섯은 무엇일까요?

버섯은 미생물입니다. 미생물 가운데에서도 곰팡이와 같이 대표적인 균류 생물이지요. 버섯이 미생물에 속하는 이유는 곰팡이의 번식 방법에서 찾을 수 있습니다.

곰팡이가 번식하는 방법에는 유성생식과 무성생식이 있습니다. 유성생식은 암수 생식세포가 결합해 새로운 생명체를 만드는 방법입니다. 대부분의 고등 생물은 암수 두 가지 성의 구별이 뚜렷하고, 암수의 생식세포를 만듭니다. 동물은 정자와 난자, 식물은 꽃가루와 난세포라는 생식세포를 만듭니다. 이러한 생식세포가 결합해 새로운 개체로 자랍니다.

무성생식은 암수의 구별이 없거나 혹은 있어도 생식세포와는 관계없이 이루어지는 생식 방법입니다. 몸에서 한 개의 세포가 분리되거나 또는 몸의 일부가 떨어져 나와 새로운 개체로 자랍니다. 단세포생물에서 흔히 나타나지요. 무성생식에는 아메바나 짚신벌레처럼 자신의 몸을 둘로 나누는 이분법, 몸에서 싹이 생겨서 번식하는 출아법, 포자를 만들어 번식하는 포자법 등이 있습니다.

버섯은 곰팡이와 함께 미생물 중에서 대표적인 균류 생물이다.

곰팡이는 유성생식과 무성생식, 두 가지 생식을 번갈아 가며 하거나 환경에 따라 한 가지만을 선택해 번식합니다. 그래서 곰팡이를 식물보다는 미생물 쪽으로 분류합니다. 균류에 속하는 버섯 역시 유성생식을 할 수도 있고, 무성생식을 할 수도 있어서 미생물에 속합니다.

버섯은 크게 번식기관인 자실체와 영양기관인 균사체로 나눌 수 있습니다. 자실체란 버섯의 몸통과 머리 부분을 말합니다. 버섯의 머리 부분을 뒤집어 보면 작은 실 같은 것들이 있습니다. 이 부분이 새로운 홀씨인 포자를 만드는 주머니입니다. 홀씨는 식물의 씨와 같습니다. 홀씨가 땅에 떨어져 싹이 트면 핵을 한 개 가진 1차 균사가 되고, 균사가 합쳐지면 균사체가 됩니다. 균사체가 자라면 버섯갓(버섯의 머리 부분)과 버섯자루(버섯의 몸통 부분)가 되고, 다시 버섯갓이 커져 홀씨를 만듭니다. 버섯은 종류에 따라 차이는 있지만 일반적으로 20℃의 온도와 90% 이상의 습도에서 가장 잘 자랍니다.

효모

효모는 곰팡이나 버섯처럼 균류에 속하는 미생물입니다. 균류이지만 균사는 없고, 운동성이 없으며 광합성을 하지 않는 단세포생물입니다. 효모의 어원을 살펴보면 효모라는 말은 거품을 뜻하는 네덜란드어에서 왔습니다. 효모에 의해 발효가 될 때 이산화탄소가 생기는 데서 유래되었지요.

대부분의 생물은 산소를 이용해 영양소를 분해해서 에너지를 얻는 유산소 호흡을 합니다. 하지만 미생물은 산소 없이 호흡기질을 분해하여 에너지를 얻습니다. 이 호흡을 무산소 호흡이라고 합니다. 무산소 호흡에서 만들어진 물질이 사람에게 도움이 되면 '발효'라고 부르고, 해로우면 '부패'라고 부릅니다. 발효에는 젖산발효, 알코올발효, 초산발효 등이 있습니다. 부패는 주로 단백질 같은 질소화합물을 분해할 때 일어납니다.

효모는 호흡에 관련된 효소를 다양하게 가지고 있습니다. 그래서 산소가 충분히 공급될 때에는 유산소 호흡을 하지만 산소가 없는 환경에서는 포도

발효

미생물이 유기물을 분해하고 변화시켜 독특한 물질을 만드는 작용을 말합니다. 좁은 뜻으로는 산소가 없는 상태에서 미생물이 탄수화물을 분해해 에너지를 얻는 작용을 가리키지요. 발효는 술, 된장, 간장, 치즈 등을 만드는 데에 활용됩니다.

호흡기질

생물체 안에서 분해되어 에너지를 방출하는 데에 사용되는 물질입니다. 주로 탄수화물과 지방이며 단백질도 쓰입니다.

빵을 잘라 보면
이산화탄소가 빠져나간
구멍을 볼 수 있어.
빵을 만들 때에도 효모가 사용된다.

당을 에탄올과 이산화탄소로 분해하는 알코올발효를 합니다. 알코올발효는 무산소 호흡이지요. 이러한 효모의 성질을 이용하여 맥주나 포도주를 만듭니다. 또 빵을 만들 때에도 효모를 사용합니다. 효모를 당분이나 영양분을 더한 습기 있는 밀가루에 섞으면 알코올발효가 일어납니다. 알코올발효가 일어나면 많은 양의 이산화탄소가 발생해 빵이 부풉니다. 반죽이 익으면서 이산화탄소는 밖으로 빠져나갑니다. 그래서 빵을 잘라 보면 조그만 구멍이 숭숭 뚫려 있는 모습을 볼 수 있습니다.

안톤 레이우엔훅
Anton Leeuwenhoek, 1632~1723

네덜란드의 현미경 학자로, 40~270배 확대되는 현미경을 만들었습니다. 직접 만든 현미경이 400개 이상입니다. 레이우엔훅은 자신의 현미경으로 원생동물과 미생물 등을 관찰했습니다. 그 결과 사람의 눈으로는 볼 수 없는 생물이 있다는 사실을 밝혀냈어요.

효모는 레이우엔훅이 처음으로 발견했습니다. 하지만 효모 발효 현상에

루이 파스퇴르
Louis Pasteur, 1822~1895

프랑스의 화학자이자 미생물학자입니다. 부패나 발효가 효모의 작용 때문에 일어난다는 사실을 밝혔어요. 포도주 부패 방지를 위해 저온 살균법을 개발해 프랑스의 포도주 제조법을 크게 향상시키기도 했습니다. 또 광견병에 걸린 소년에게 백신을 접종하여 소년의 생명을 구했습니다. 이 사건으로 파스퇴르는 백신 접종으로 전염병을 예방하는 데 성공하게 되었어요.

대해 알려진 것은 훨씬 뒤의 일입니다. 파스퇴르는 포도주 발효가 효모에 의해 일어난다는 사실을 처음으로 밝혀냈습니다.

효모는 어디서 살까요? 효모는 땅속에 살지 않고 꽃의 꿀샘이나 과일의 표면처럼 당분 농도가 짙은 곳에서 삽니다. 그래서 포도같이 당분이 높은 과일은 자체 효모를 가지고 있습니다. 포도주는 포도에 있는 효모로도 발효될 수 있습니다. 하지만 요즘에는 상업적으로 판매하는 효모가 훨씬 발효 효과가 훨씬 뛰어나기 때문에 일부러 효모를 넣기도 합니다. 효모는 단백질이 50% 이상이며, 비타민B를 풍부하게 함유하고 있습니다. 그래서 의약품을 만드는 데에도 사용되고 있지요.

TIP 요건 몰랐지?

현미경은 언제 발명되었을까요?

현미경은 아주 작은 물체나 물체의 미세한 부분을 확대해 관찰하는 기구입니다. 주로 빛과 렌즈를 이용해 물체를 확대합니다.

처음 현미경을 발명한 사람은 누구일까요? 현미경은 언제 발명되었고 누가 발명했는지 정확하게 알려져 있지 않습니다. 현미경의 발달 역사를 살펴볼까요? 15세기 중반에는 돋보기 모습의 단순한 현미경이 사용되었습니다. 1590년 네덜란드에서 안경을 만드는 얀선 부자(J. Janssen과 Z. Janssen)가 만든 장치를 최초의 현미경으로 봅니다.

얀선 부자가 만든 현미경은 대물렌즈와 접안렌즈를 조합해 만든 복합현미경입니다. 현미경은 17세기 네덜란드의 현미경 학자 레이우엔훅에 의해 제조 기술이 크게 향상되었습니다. 레이우엔훅은 자신이 만든 현미경으로 원생동물과 미생물 등을 관찰했습니다. 레이우엔훅의 관찰 결과가 영국 왕립 협회에 알려지면서 사람 눈으로 확인할 수 없는 생물이 있다는 사실이 비로소 세상에 알려졌습니다. 이처럼 현미경은 생물학에 큰 영향을 미친 기구입니다.

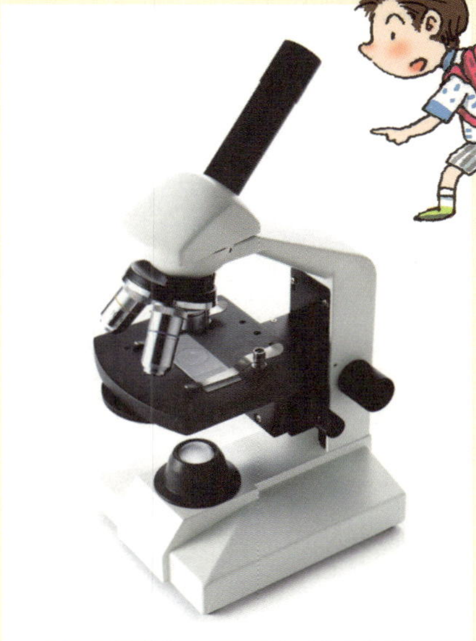

유리로 만든 대물렌즈와 접안렌즈를 쓰는 요즘의 광학현미경.

Q&A 꼭 알고 넘어가자!

문제 1 곰팡이는 어떻게 번식하나요?

문제 2 곰팡이는 어디에서 살까요?

3. 미생물에 속합니다. 미생물 가운데에서도 곰팡이와 함께 대표적인 균류 생물에 속합니다.

4. 효모는 꽃의 꿀샘이나 과일의 표면처럼 당분 농도가 짙은 곳에서 삽니다. 따라서 포도같이 당분이 높은 과일은 자체 효모를 가지고 있습니다. 포도주를 만들 때에는 포도에 있는 효모만으로도 발효될 수 있습니다.

문제 3 버섯은 생물 가운데에서 어디에 속할까요?

문제 4 포도주를 만들 때 따로 효모를 넣지 않아도 발효되는 이유는 무엇인가요?

정답

1. 곰팡이는 꽃이 피지 않아서 씨앗을 만들지 않습니다. 대신 포자를 만들어 바람이나 물을 이용해 널리 퍼뜨려 번식합니다.

2. 곰팡이는 주로 습기가 많은 곳에 삽니다. 목욕탕이나 베란다, 또는 싱크대처럼 항상 물을 사용하는 곳에 살지요. 또 축축한 신발 속에도 살고, 오래된 음식물처럼 습기가 많고 영양분이 많은 곳에도 붙어 삽니다.

관련 교과

초등 5학년 1학기 4. 작은 생물의 세계

중학교 1학년 4. 생물의 구성과 다양성

4. 미생물과 발효

발효는 동양과 서양을 떠나 오래전부터 식품을 만드는 데 이용되었습니다. 식품을 발효하면 원래 식품과는 다른 독특한 맛과 냄새를 가지게 되고, 영양가와 저장성이 높아집니다. 이러한 발효 식품에는 무엇이 있을까요?

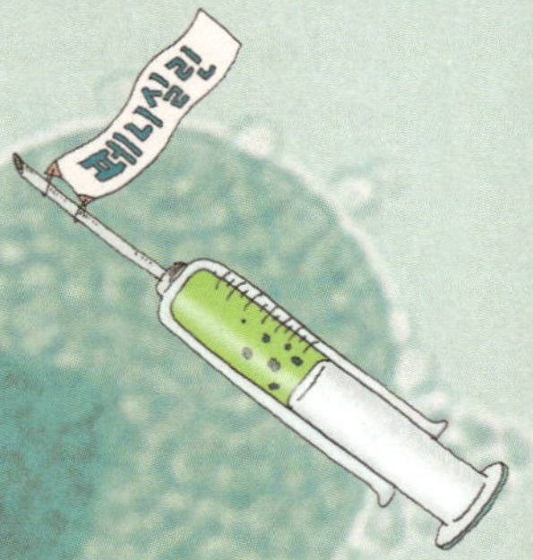

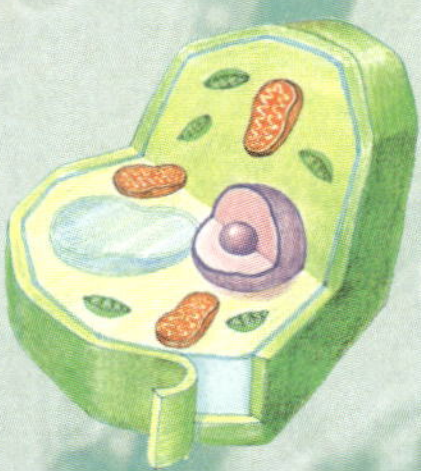

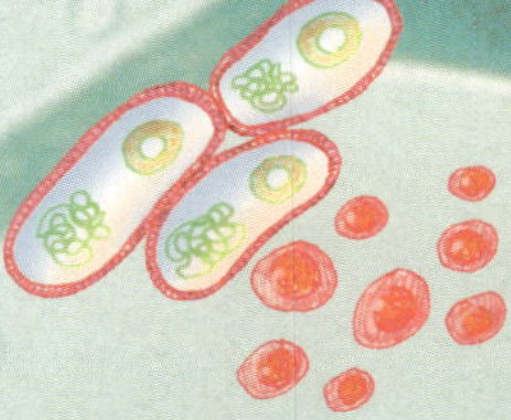

김치

대표적인 우리나라 발효 식품으로 꼽히는 음식은 김치입니다. 김치의 발효 과정에는 여러 종류의 미생물이 관여합니다. 김치를 만드는 과정을 통해 발효 과정을 살펴볼까요?

김치를 만들 때는 먼저 배추를 소금으로 절입니다. 갓 수확한 배추는 먹기에는 조금 뻣뻣합니다. 소금은 배추의 뻣뻣함을 줄여 먹기 좋은 상태로 바꾸고, 신선한 상태를 유지하게 합니다. 소금물에 들어 있는 효소들은 배추의 섬유질과 화학반응을 하여 배추를 발효시킵니다. 이 과정에서 아미노산과 젖산이 생기고, 김치의 독특한 맛이 납니다. 소금에 배추를 절인 뒤에는 양념을 넣습니다. 고추는 물론이고 마늘, 파, 젓갈, 오징어, 잣 등 다양한 양념이 들어가지요.

다양한 양념은 소금 때문에 열려 있는 배추의 섬유질 구멍으로 들어갑니다. 이때 많은 양의 젖산균이 만들어집니다. 대부분의 미생물은 배추를 소금에 절일 때 죽지만 염분에 잘 견디는 젖산균은 남아서 김치를 익힙니다. 젖산균은 산소가 없고 온도가

아미노산

아미노산은 단백질을 이루고 있는 기본 구성단위입니다. 아미노산이 서로 결합해 다양한 단백질을 이룹니다. 현재 발견된 아미노산의 종류는 80종 이상입니다. 대표적인 아미노산으로는 글라이신, 아스파라진, 글루탐산, 라이신 등이 있습니다.

젖산

젖당을 발효할 때 만들어지는 끈적한 액체입니다. 락트산 또는 유산이라고도 합니다. 물과 에탄올에 잘 녹습니다.

낮을 때 활발하게 번식합니다. 젖산균이 번식하면 김치가 발효됩니다. 젖산균은 김치가 익어 감에 따라 새콤한 맛을 내고, 우리 몸에 나쁜 다른 균들이 번식하는 역할을 막는 중요한 일을 합니다.

아주 잘 익은 김치의 미생물은 유산균이 99%이고, 다른 세균이나 곰팡이가 1%를 차지합니다. 하지만 김치를 담근 상태가 오래 지나면 젖산균이 시들시들해집니다. 김치가 시어지면서 젖산균이 점점 죽게 되지요. 그러면 이때까지 꼼짝 못하고 숨어 있던 곰팡이 무리(효모)들이 기운이 세져서 김치에서 좋지 않은 냄새가 나고 국물은 시큼해집니다. 이런 상태는 부패

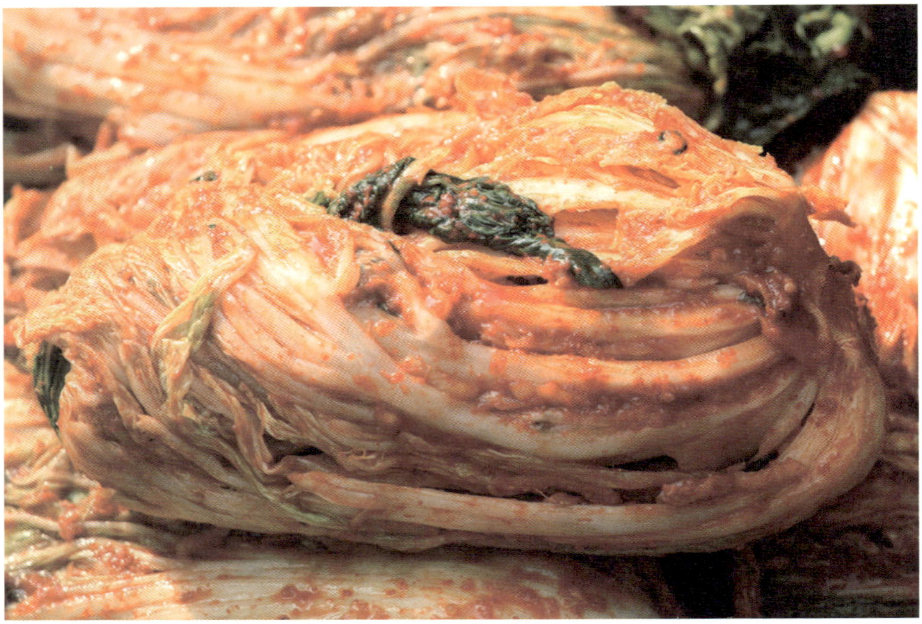
김치는 우리나라 사람들이 즐겨 먹는 우리 고유의 발효 식품이다.

입니다. 그러면 김치를 오랫동안 맛있게 먹기 위해서는 어떻게 보관해야 할까요?

젖산균은 온도에 민감합니다. 그래서 낮은 온도를 일정하게 유지해야만 젖산균이 죽지 않습니다. 또 젖산균은 물에 녹으면 탄산이 됩니다. 탄산 때문에 김치에서 시원한 맛이 나지요. 하지만 나중에는 탄산이 너무 많이 나와서 김치에 기포가 생깁니다. 그래서 조상들은 젖산균을 죽지 않게 하고 젖산균이 탄산이 되는 과정을 늦추기 위해서 김치를 땅에 묻었습니다. 그늘진 곳에 김칫독을 묻어 영하 1℃의 상태를 유지했습니다. 이렇게 유지하며 김치를 보관하는 방법을 따라서 만든 것이 요즘의 김치냉장고입니다. 이렇듯 김치 하나에도 많은 발효 과정이 숨어 있습니다.

TIP 요건 몰랐지?

김치를 맛있게 하는 균

김치에는 약 30여 종의 다양한 젖산균이 있습니다. 김치의 발효와 숙성 상태, 온도에 따라 사는 균의 종류가 다릅니다. 김치에 사는 균 중에서 김치를 맛있게 하는 균이 있습니다. 김치가 발효되는 초기 단계에서 자라는 류코노스톡 메센테로이데스라는 균입니다. 김치 특유의 상큼하고 개운한 맛은 류코노스톡 메센테로이데스의 숫자에 달려 있습니다. 류코노스톡 메센테로이데스는 갓 담근 김치에 1ml당 1만 개 정도밖에 없습니다. 하지만 김치를 영하 1℃에서 발효하면 6,000배 이상 늘어납니다.

류코노스톡 메센테로이데스는 탄산가스(CO_2)를 만들고, 김치의 상쾌한 맛을 돋우는 덱스트란(dextran)이라는 식이 섬유를 만드는 특징이 있습니다. 류코노스톡 메센테로이데스는 김치를 시게 하는 균의 번식을 억제하고, 김치의 아삭아삭하고 시원한 맛을 오랫동안 유지해 줍니다. 또 장운동을 활발하게 하고 면역력을 키워 줍니다. 김치를 우리 몸에 좋고 맛있게 해 주는 미생물이 바로 류코노스톡 메센테로이데스입니다.

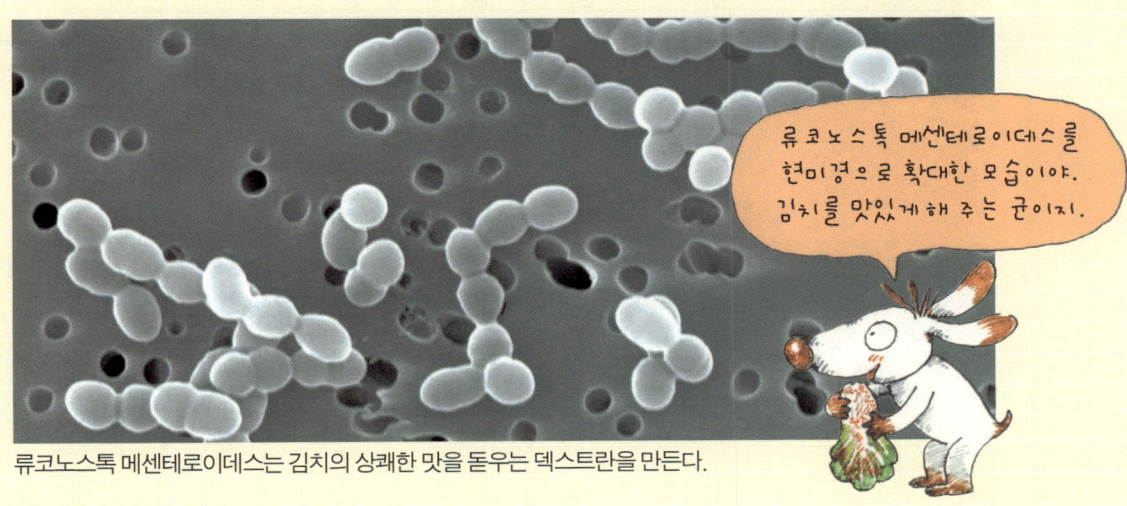

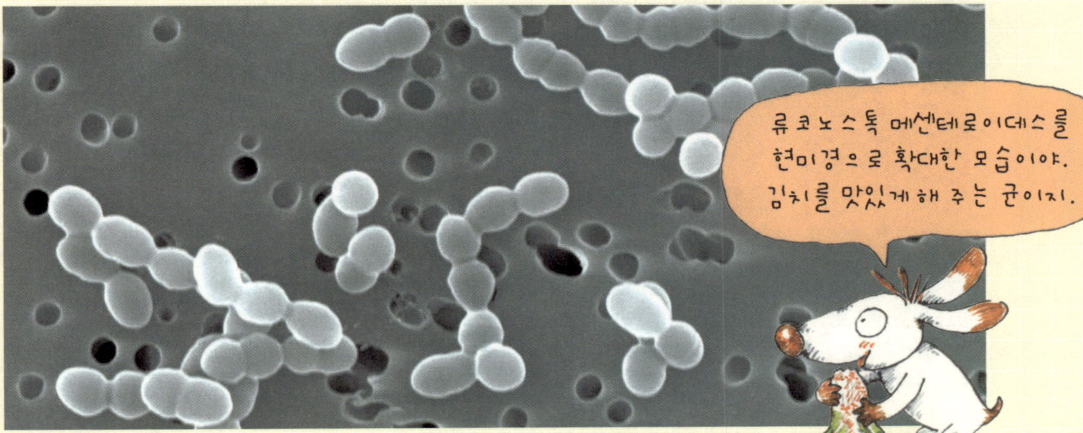
류코노스톡 메센테로이데스를
현미경으로 확대한 모습이야.
김치를 맛있게 해 주는 균이지.

류코노스톡 메센테로이데스는 김치의 상쾌한 맛을 돋우는 덱스트란을 만든다.

간장, 된장, 청국장

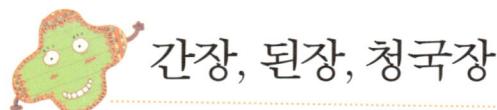

김치에 이어 우리나라의 대표적인 발효 식품으로는 콩을 주원료로 한 간장, 된장 그리고 청국장이 있습니다. 장은 콩을 원료로 한 발효 식품으로 콩 단백질이 분해되어 특유의 향기와 맛이 납니다. 특히 육류의 섭취가 부족했던 우리나라의 전통 식생활에서 콩으로 만든 간장과 된장은 단백질 공급원으로 중요한 역할을 하기도 했습니다. 장은 최근에 의학적인 효능이

메주를 따뜻한 곳에 두면 공기나 볏짚에서 여러 가지 미생물이 자연적으로 들어가 자란다.

많이 발견되면서 건강식품으로 큰 인기를 끌고 있습니다.

된장과 간장은 우리나라 식생활에서 매우 중요한 위치를 차지합니다. 그럼 된장 만드는 방법을 알아볼까요?

된장 만들기는 메주를 쑤는 것부터 시작됩니다. 메주는 햇콩을 삶아서 적당히 빻은 다음 동글납작한 모양이나 육면체로 꾹꾹 눌러 모양을 내서 만듭니다. 이렇게 만든 메주를 미생물의 발효가 진행되도록 따뜻한 곳에 둡니다. 그런 다음 지푸라기로 묶어서 처마에 매달아 건조시킵니다. 잘 건조되면 메주를 솔로 문지른 다음 물에 깨끗하게 씻어 햇볕에 말립니다. 말린 메주를 항아리에 넣은 뒤 소금물을 붓고 여기에 숯과 마른 고추를 함께 넣습니다. 3일 동안은 뚜껑을 꼭 덮어 두고 그 후에는 망사로 항아리를 봉한 뒤 뚜껑을 자주 열어 햇볕을 쬐게 합니다. 40일에서 60일 정도가 지나 소금물에 담가 두었던 메주가 소금물을 먹어서 퉁퉁 붓게 되면 간장과 된장으로 나눕니다. 메주를 꺼낸 후 맑게 거른 액체가 바로 간장입니다. 간장은 각종 음식에 감칠맛이 나는 짠맛을 내는 데 사용됩니다.

된장을 만들려면 간장을 뜨고 남은 메주를 으깨어 다시 항아리에 넣고 꾹꾹 누릅니다. 햇볕이 좋은 낮에는 뚜껑을 열어 두고, 밤이 되면 다시 닫아 공기 중의 미생물에 의한 숙성과 발효가 진행되도록 해야 합니다. 이렇게 여러 달이 지나면 항아리 속의 메주가 노랗게 익게 되는데, 이것이 바로 된장입니다.

메주는 된장과 간장을 담그는 원료로 쓰여.

청국장은 장류 중에서 숙성 기간이 짧은 장입니다. 만드는 데 시간이 적게 들고 영양의 손실 없이 콩을 먹을 수 있다는 점에서 아주 이로운 식품입니다. 청국장 만드는 과

바실루스

간균이라고도 합니다. 막대기 모양 또는 원통형 모양의 세균을 통틀어 일컫는 말입니다. 바실루스에는 결핵균, 대장균, 페스트균 등이 있습니다.

비타민B2

성장 발육에 작용하는 비타민입니다. 부족하면 성장하는 데 지장을 주고, 구내염, 피부염 등을 유발합니다.

정을 살펴볼까요?

먼저 삶은 콩을 볏짚 위에 얹습니다. 콩 사이사이에 다시 볏짚을 넣고 보온을 위해 헌 담요 등으로 덮습니다. 그리고 따뜻한 아랫목에 3~4일 동안 두면 청국장이 됩니다. 청국장은 바실루스가 번식하면서 발효됩니다. 바실루스는 40℃에서 45℃ 사이에서 가장 잘 자랍니다. 바실루스는 암을 생기게 하는 물질을 감소시키고 나쁜 물질을 몸 밖으로 내보냅니다. 바실루스는 공기 중에도 많이 있지만 볏짚에 많이 들어 있습니다. 그래서 청국장을 만들 때 볏짚을 넣고 발효시키면 잘 발효됩니다.

청국장은 발효 온도에 따라 맛과 성분의 차이가 큽니다. 따라서 바실루스가 가장 잘 자라는 40℃의 온도를 일정하게 유지하는 것이 무엇보다 중요합니다. 청국장은 발효되면서 비타민B의 활성화가 이루어져 비타민B2가 처음보다 다섯 배에서 열 배 정도 증가합니다.

TIP 요건 몰랐지?

숯의 효능

우리 조상들은 간장을 담글 때에 숯을 이용했습니다. 항아리에 메주와 물, 소금, 고추 등과 함께 숯을 띄웠습니다. 왜 숯을 넣었을까요?

숯의 표면에는 우리 눈에는 보이지 않는 작은 구멍들이 있습니다. 곰팡이나 세균, 냄새 나는 물질 등은 숯의 구멍에 들어가면 빠져나오지 못합니다. 숯은 이렇게 더러운 물질을 없애 줄 뿐 아니라 간장의 발효를 돕는 미생물이 살 수 있게 해 줍니다. 숯의 구멍에는 곰팡이처럼 크기가 큰 미생물은 살지 못하고 장의 발효를 돕는 미생물은 자랄 수 있습니다.

숯은 물을 맑게 해 주기도 합니다. 숯, 모래, 자갈 등을 여러 층으로 쌓아 놓고 물을 흐르게 하면 물이 여러 층을 지나는 동안 물속에 섞여 있던 먼지나 불순물이 걸러지게 됩니다. 이처럼 숯의 구멍은 미세한 먼지 입자를 흡수할 수 있기 때문에 숯은 옛날에는 정수기 역할을 했습니다.

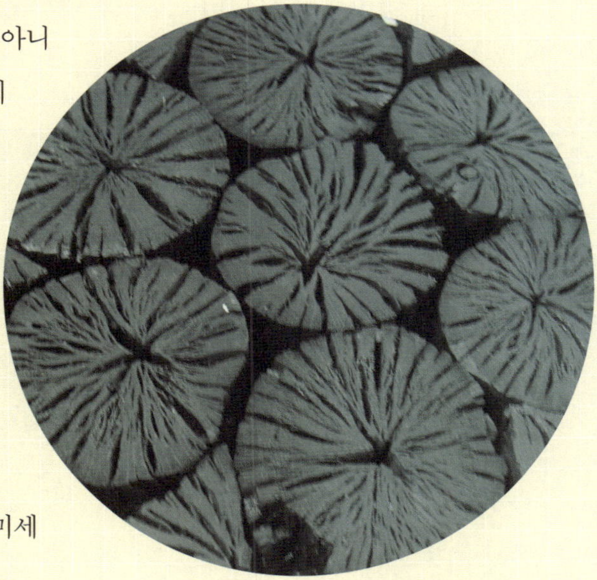

숯은 더러운 물질을 없애 주고, 발효를 돕는 미생물이 살 수 있도록 해 준다.

요구르트와 치즈

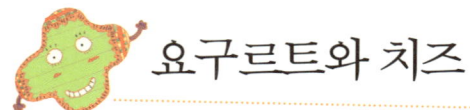

요구르트는 젖산균의 발효를 이용해 만든 식품입니다. 젖산균은 젖당 같은 당분을 발효해 젖산을 만드는 세균입니다. 요구르트의 주재료는 우유입니다. 우유에 젖산균을 넣고 30~40℃에 두면 젖산균이 우유 속의 당분을 분해해 젖산을 만듭니다. 이렇게 만들어진 젖산이 우유에 들어 있는 단백

요구르트는 우유에 젖산균을 넣고 발효해 만든다.

질을 응고해 걸쭉한 요구르트를 만듭니다. 요구르트에서 신맛이 나는 이유도 젖산 때문입니다.

사람의 장에서는 수많은 종류의 세균이 우글거리며 살고 있습니다. 이 세균 가운데에는 좋은 세균도 있지만 나쁜 세균도 있습니다. 젖산균이 만든 젖산은 장을 산성으로 만들어 해로운 세균이 장에 살지 못하도록 합니다. 또한 장에 있는 찌꺼기들을 분해해 배설도 돕지요. 그래서 요구르트를 먹으면 장운동이 활발히 일어나 설사나 변비를 막아 줍니다. 요구르트는 우유와 거의 같은 영양소가 들어 있는 데다가 설탕을 넣지 않으면 열량도 낮아 다이어트 식품으로도 인기가 높습니다.

레닛

우유의 주요 단백질인 카세인을 굳게 하는 효소입니다. 동물의 위 속에 펩신과 함께 들어 있습니다.

우유를 주재료로 만든 또 다른 발효 음식에는 치즈가 있습니다. 치즈는 우유로 만들지만 우유와는 맛이 다릅니다. 우유에 레닛이라는 효소를 넣으면 우유가 두부처럼 굳어지며 치즈 알갱이가 생깁니다. 우유 안에 있던 단백질인 카세인이 응고되었기 때문이에요. 치즈 알갱이를 덩어리로 만들어 우유에 있던 효소와 미생물로 숙성하면 치즈가 됩니다. 우유는 오래 보관할 수 없지만 우유로 치즈를 만들면 오래 보관할 수 있습니다.

사람들은 아주 오래전부터 치즈를 먹었습니다. 우유에 아무것도 넣지 않고 오래 두면 저절로 시큼한 맛이 나는 치즈가 되었지요. 그러던 중에 한 아

어? 왜 우유가 안 나오지?
우유가 덩어리로 변했어!
더워서
상했나?

치즈는 우유 단백질이 들어 있어 칼슘과 비타민이 풍부하다.

라비아 상인이 우연히 치즈 만드는 방법을 발견했습니다. 양의 위를 잘라서 만든 주머니에 우유를 보관했다가 나중에 우유를 마시려고 보니 시큼하지 않고 맛있는 치즈가 만들어져 있었습니다. 그때부터 사람들은 소나 양의 위에서 나오는 소화 효소를 이용해 치즈를 만들어 먹었습니다.

치즈는 우유 단백질이 들어 있어 칼슘과 비타민이 풍부합니다. 이렇게 영양적으로 우수할 뿐만 아니라 동물성 식품으로는 보기 드물게 알칼리성 식품이기도 합니다. 또 치즈를 만드는 과정에서 우유 단백질은 소화되기 쉬운 상태로 변화합니다. 그래서 젖당 분해 효소가 적게 분비되어 우유를 잘 소화하지 못하는 사람도 치즈는 안심하고 먹을 수 있습니다. 치즈의 종류는 600종이 넘습니다. 원료와 만드는 방법, 발효에 쓰이는 미생물에 따라 냄새와 맛, 색이 모두 다릅니다.

세계의 발효 식품

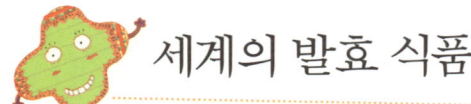

발효 식품은 음식을 오래 저장하기 위해 만들어졌습니다. 음식이 발효되면 영양소를 분해해 소화하기 쉬운 상태가 되고 저장성과 맛이 좋아집니다. 그뿐만 아니라 발효 식품은 우리 몸에 좋은 균을 만들어 내지요. 세계 많은 사람들은 각각 자기 나라에서 많이 나는 재료를 이용해 발효 식품을

낫토는 삶은 콩을 발효해 만든 일본 전통 음식이다.

만들어 먹고 있습니다. 전 세계에서 만들어지는 발효 식품의 종류는 약 80종이라고 합니다. 각 나라의 발효 식품에는 무엇이 있는지 살펴볼까요?

콩을 많이 재배하는 우리나라와 중국, 일본 등에는 콩을 재료로 한 발효 식품이 많습니다. 우리나라에 청국장이 있다면 일본에는 낫토가 있지요. 낫토는 삶은 콩을 발효해 만든 일본 전통 음식입니다. 냄새가 독특하고, 집으면 실타래처럼 끈적끈적하게 늘어나는 특징이 있습니다. 또 일본은 바다로 둘러싸여 있어서 생선을 발효한 음식이 많습니다. 대표적으로 나레즈시가 있습니다. 나레즈시는 일본 최초의 초밥으로, 소금에 절인 생선을 대나무 잎에 돌돌 말아서 밥과 함께 발효해 먹는 음식입니다. 냄새가 독특해 익

송화단은 오리 알을 발효한 중국 전통 음식이다.

숙하지 않은 사람들은 먹기 힘들다고 합니다.

중국에는 송화단이라는 발효 식품이 있습니다. 오리 알에 재, 찰흙, 소금 등을 섞은 반죽을 발라 밀봉한 뒤 삭힌 음식입니다. 3개월 이상 삭히면 흰자위가 투명하고 짙은 초록색으로 변하고, 노른자위는 검은빛을 띤 푸른색으로 변해 딱딱하게 굳습니다. 송화단은 특유의 톡 쏘는 맛이 있는데, 맛이 아주 뛰어나서 외국인도 부담 없이 먹을 수 있다고 합니다.

이외에도 독일의 맥주와 프랑스의 와인, 그리고 피자를 먹을 때 즐겨 먹는 피클과 핫소스는 대표적인 발효 식품에 속합니다.

TIP 요건 몰랐지?

발효 식품에 이용되는 미생물

발효 식품에 이용되는 미생물의 종류는 효모, 곰팡이, 세균으로 분류합니다. 효모를 사용한 식품에는 알코올음료인 맥주와 와인, 그리고 과일주 등이 있습니다. 또 증류주도 발효 식품에 속합니다. 증류주는 효모로 발효해 완성된 술을 다시 증류하여 알코올 성분을 많이 들어가게 한 술입니다. 증류주에는 소주, 위스키 등이 있지요. 곰팡이를 이용한 식품으로는 누룩(술을 빚는 데 쓰는 발효제)과 메주가 있습니다. 세균을 이용하는 식품으로는 청국장, 요구르트, 치즈, 김치, 식초 등이 있습니다.

곰팡이와 효모, 세균 세 가지를 모두 이용하는 식품도 있습니다. 앞에서 배웠던 된장과 간장 등 우리나라 특유의 발효 식품이 세 가지를 모두 이용합니다. 발효 식품은 원래의 재료에는 없던 맛이 생기기 때문에 맛이 좋고, 영양도 높습니다. 하지만 발효 조건을 조절하기 어려워 요리하는 데 많은 경험이 필요합니다. 또 미생물이 부패하는 경우도 있어 발효 식품을 만드는 데는 전문적인 지식이 필요합니다.

■ **발효 식품의 주원료와 주요 미생물**

발효 식품	주원료	주요 미생물
김치	배추, 마늘, 파, 갓 등	젖산균, 효모
된장	콩, 찹쌀, 보리	누룩곰팡이, 젖산균, 효모
고추장	콩, 찹쌀가루, 밀가루, 고춧가루	누룩곰팡이, 젖산균, 효모
간장	콩, 밀	누룩곰팡이, 젖산균, 효모
요구르트	우유	젖산균
소주	쌀, 고구마	누룩곰팡이, 알코올 효모
맥주	보리	맥주 효모

Q&A 꼭 알고 넘어가자!

문제 1 김치의 발효에 필요한 젖산균의 특징은 무엇인가요?

문제 2 청국장의 발효에 필요한 바실루스의 특징은 무엇인가요?

3. 요구르트와 치즈입니다. 요구르트는 우유에 젖산균을 넣고 발효해 만듭니다. 치즈는 레닛이라는 효소를 넣어 숙성시켜 만듭니다.

4. 효모, 곰팡이, 세균입니다. 효모를 사용한 식품에는 맥주, 와인, 과일주가 있습니다. 곰팡이를 이용한 식품으로는 누룩, 메주가 있습니다. 세균을 이용한 식품에는 청국장, 요구르트, 치즈, 김치가 있습니다.

문제 3 우유를 이용해 만든 발효 음식 두 가지를 말해 보세요.

문제 4 발효 식품에 이용되는 미생물의 종류 세 가지와 각각의 미생물을 이용해 만든 식품을 말해 보세요.

정답

1. 젖산균은 염분에 잘 견딥니다. 그리고 산소가 없고 낮은 온도일 때 활발하게 번식합니다. 또 젖산균은 김치가 익어 감에 따라 새콤한 맛을 내고, 우리 몸에 나쁜 균들이 번식하는 것을 막아 줍니다.

2. 바실루스는 40℃에서 45℃ 사이에서 가장 잘 자랍니다. 암을 생기게 하는 물질을 감소시키고 나쁜 물질을 몸 밖으로 내보냅니다. 바실루스는 공기 중에도 많이 있지만 볏짚에 많이 들어 있습니다. 그래서 청국장을 만들 때 볏짚을 넣고 발효시키면 잘 발효됩니다.

관련 교과

초등 4학년 1학기 2. 지표의 변화
초등 5학년 1학기 4. 작은 생물의 세계
초등 6학년 1학기 4. 생태계와 환경
중학교 1학년 4. 생물의 구성과 다양성

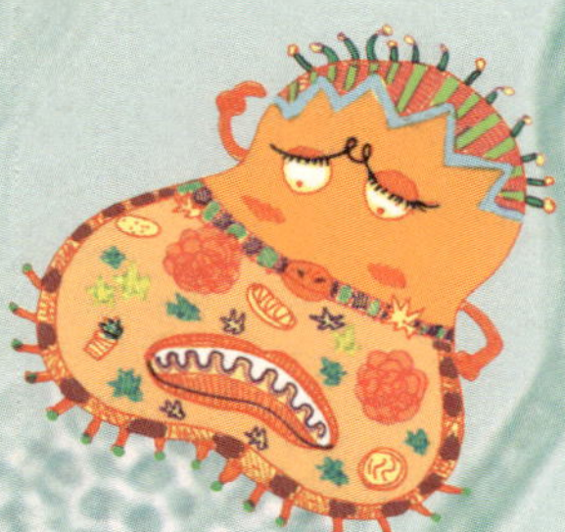

5. 이로운 미생물

미생물은 지구에서 가장 먼저 나타나 아주 오랜 기간 살고 있는 생물입니다. 그 후로 여러 생물이 나타나면서 미생물과 함께 살게 되었지요. 따라서 지구의 모든 생물은 어떤 형태로든 미생물과 함께 접촉하면서 살고 있습니다. 사람도 미생물에게 피해도 입지만 도움을 받는 경우가 더 많습니다. 미생물은 어떻게 우리를 도와줄까요?

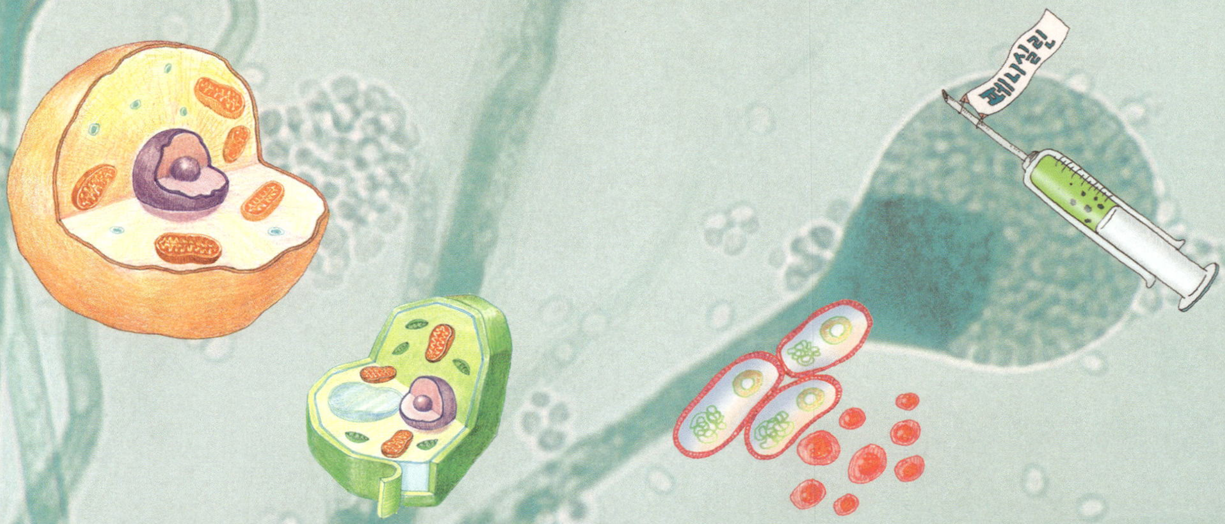

대장균의 이로움

대장균은 사람 몸에 설사를 일으키는 등의 해를 끼칩니다. 하지만 도움이 되기도 합니다. 대장균은 우리에게 어떤 도움을 줄까요?

유전자 공학에 쓰이는 대장균

음식에서 대장균이 발견되었다고 뉴스에서 크게 보도하는 이유는 대장균이 위험해서가 아니라 대장균이 다른 병원성 세균 때문에 오염되었을 수가 있기 때문입니다. 정상적으로 존재하는 대장균은 거의 병을 일으키지 않습니다. 하지만 창자에 구멍이 뚫려서 세균이 들어가면 병을 일으킬 수 있습니다. 이때 대장균이 몸에 해로운 이유는 유전물질이 변했기 때문입니다. 플라스미드라고 하는 DNA가 대장균에 들어와서 유전물질을 변화시키면 사람에게 큰 해를 입히는 대장균이 만들어집니다.

유전자 변형 식품이라고 들어 보았나요? 유전자 변형 식품이란 생산성과 상품의 질을 높이기 위해 원래의 유전자를 바꾸어서 유전자를 재조합한 식품을 말합니다. 유전자를 변형하면 금방 물러지는 토마토를 물러지지 않게 바꿀 수도 있어요. 유전자

플라스미드

세균 속에 들어 있는 유전자를 말합니다. 플라스미드는 세균에 꼭 필요한 것은 아니지만 세균을 잡아먹는 능력이 있어서 다른 세균을 죽일 수 있습니다. 플라스미드의 유전자는 생명공학에 많이 쓰입니다.

를 변형할 때 사용하는 세균에는 여러 가지 종류가 있습니다. 가장 많이 사용되는 세균이 바로 대장균입니다. 대장균은 혹시 사람에게 감염된다 해도 병원성이 약하기 때문에 안전합니다. 또 수많은 종류의 세균 중에서 가장 많이 연구된 세균이 대장균입니다. 대장균은 유전자를 재조합하거나 생명공학이 발전하는 데 없어서는 안 되는 중요한 역할을 하고 있습니다.

대장균으로 만드는 플라스틱

플라스틱은 가볍고 튼튼해서 우리 생활 주변에서 널리 쓰이고 있습니다. 물통부터 시작해서 물건을 담는 바구니 등 우리 생활 주변에서 안 쓰이는 곳이 없을 정도이지요. 하지만 플라스틱은 잘 썩지 않고, 태우면 유독가스가 나와 사람에게 매우 해롭습니다. 이러한 플라스틱을 친환경적으로 만들 수는 없을까요?

플라스틱을 친환경적으로 만들려는 노력으로 석유와 천연가스를 이용해

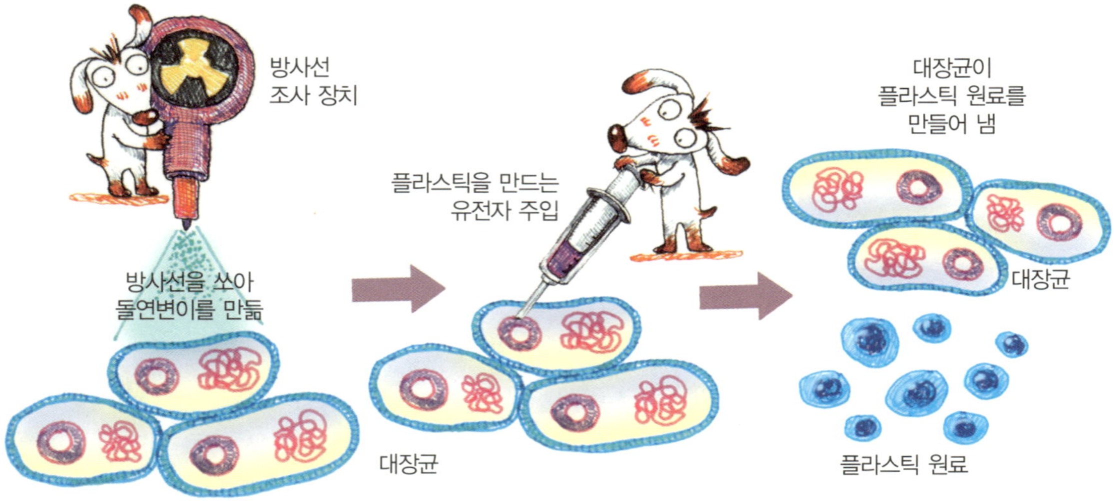

썩는 플라스틱이 개발되었습니다. 하지만 너무 비싸다는 단점이 있었지요. 그래서 값이 저렴하면서도 친환경적인 플라스틱을 개발하는 연구가 이어졌습니다. 연구 끝에 대장균을 이용해 플라스틱을 만드는 방법이 개발되었습니다. 대장균에 방사선을 쏘아 돌연변이 대장균을 만든 후, 플라스틱을 만드는 유전자를 넣는 방법이지요. 이 방법을 사용하면 대장균의 뛰어난 번식력으로 플라스틱을 만드는 원료를 많이 얻을 수 있습니다.

대장균을 이용하는 방법 이외에 친환경적인 플라스틱을 만드는 방법이 하나 더 있습니다. 플라스틱을 만들 때 녹말을 이식하는 방법입니다. 플라스틱이 녹말과 만나면 녹말을 분해하는 미생물에 의해 썩을 수 있게 됩니다. 이러한 플라스틱을 생분해성 플라스틱이라고 합니다.

미생물로 농사짓기

농사를 지을 때 병과 해충으로 생기는 피해를 줄이기 위해 농약을 사용합니다. 농약을 사용하면 해충만 죽는 것이 아니고 흙에 있는 미생물도 함께 사라집니다. 흙에는 많은 미생물이 있습니다. 미생물이 있어야 식물의 영양분이 골고루 공급됩니다. 그래서 농약을 뿌린 땅에는 화학비료를 뿌려

다시 양분을 공급합니다. 하지만 화학비료 때문에 땅이 점점 산성으로 변해서 식물이 피해를 입습니다.

옛날에는 화학비료가 없어서 퇴비를 주었습니다. 퇴비는 집에서 키우는 돼지, 닭, 소의 배설물로 만듭니다. 그런데 퇴비를 땅에 뿌리면 식물은 바로 영양분을 흡수할 수 있을까요? 화학비료는 뿌리기만 하면 식물이 바로 흡수할 수 있게 만들어졌습니다. 하지만 퇴비는 식물이 바로 흡수하지 못합니다. 식물은 소화기관이 따로 없기 때문이지요. 그래서 이때는 미생물이 필요합니다.

미생물은 재래식 퇴비를 적당히 분해해 식물이 흡수할 수 있는 형태로 만듭니다. 미생물을 이용해 퇴비를 만들 때는 환경조건이 매우 중요합니다. 미생물이 잘 자랄 수 있는 환경이 아니면 퇴비는 썩어서 부패하게 됩니다. 퇴비를 만들 때에는 온도가 굉장히 높아야 합니다. 높은 온도에서는 나쁜 미생물이 활동을 하지 못하고 좋은 미생물만 살아남아 발효를 담당하기 때문입니다.

농약을 쓰지 않고, 화학비료 대신에 퇴비를 뿌려 농사를 짓는 방식을 유기농이라고 합니다. 유기농으로 재배한 농산물은 안전할 뿐 아니라 신선도가 오래 유지됩니다. 비타민과 무기질 등의 영양소 함량도 높지요. 또한, 유기 농산물은 일반 농산물에 비해 식품이 가지고 있는 향이 강하고 맛도 좋습니다. 유기농 농산물은 일반 농산물과 구별되는 특징을 가지고 있으나 구별이 쉽지 않습니다. 유기농 농산물에 부착된 품질 인증 마크를 잘 확인한 후 구입해야 합니다.

TIP 요건 몰랐지?

미생물로 만든 비료

생태계에는 생산자, 소비자, 분해자가 있습니다. 여기서 분해자는 죽은 생물이나 동물의 배설물을 분해하는 미생물을 말합니다. 분해자 역할은 진균류와 박테리아 등이 합니다. 우리가 분해자라고 착각하기 쉬운 지렁이는 흙에서 유기물을 먹고 찌꺼기를 돌려 주지만 분해자가 아니라 소비자에 속하는 동물입니다.

분해자는 죽은 동식물을 모두 먹지 않고 일부를 땅에 영양소로 남깁니다. 땅에 남은 영양분은 식물이 자라는 데 쓰이지요. 이렇게 식물이 자라는 데 영양분이 되는 토양을 부식토라고 부릅니다.

부식토가 만들어지는 시간은 매우 오래 걸립니다. 미생물이 동식물의 죽은 몸을 분해하는 데 충분한 시간이 필요하기 때문입니다. 또 수분이 있다면 훨씬 좋은 부식토가 만들어집니다. 미생물은 축축한 환경을 좋아하거든요. 또한 산소가 잘 공급되면 더 좋은 부식토가 됩니다. 그래서 부식토를 만들 때에는 산소가 충분히 공급되도록 삽으로 비료를 잘 섞어야 합니다.

Q&A 꼭 알고 넘어가자!

문제 1 유전자를 변형할 때 대장균을 사용하는 이유는 무엇인가요?

문제 2 대장균을 이용해 플라스틱을 만드는 과정을 설명해 보세요.

3. 유기농 농산물은 농약이나 각종 화학비료 등을 사용하지 않고 재배한 농산물입니다. 유기농 농산물은 안전할 뿐 아니라 신선도가 오래 유지됩니다. 비타민과 무기질 등의 영양소 함량이 높고 일반 농산물에 비해 식품이 가지고 있는 향이 강하며 맛도 좋습니다.

문제 3 유기농 농산물의 특징은 무엇인가요?

정답

1. 대장균은 혹시 사람에게 감염된다 해도 병원성이 약하기 때문에 안전합니다. 또 수많은 종류의 세균 중에서 가장 많이 연구된 세균이 대장균입니다. 대장균은 유전자를 재조합하거나 생명공학이 발전하는 데 있어서 없어서는 안 되는 중요한 역할을 하고 있습니다.

2. 대장균에 방사선을 쏘아 돌연변이 대장균을 만든 후, 돌연변이 대장균에 플라스틱을 만드는 유전자를 넣으면 됩니다. 그러면 대장균의 뛰어난 번식력으로 플라스틱을 만드는 원료를 많이 얻을 수 있습니다.